D1725598

Ernst Hannawald

# Das Leben ist kein Film

Autobiografie

**Sabine Giger Verlag**
■ ■ ■ ■ ■

Bildnachweis
© WDR/Solaris-Film 10, 11, 13, 14; © Agentur Good Times 15,
16, 17; © BR/München 26, 27, 31; © WDR/Hohl 32; © Bavaria-
Film/E. Hauri 33

Wir bedanken uns für die freundliche Abdruckgenehmigung.

1. Auflage 2002

© Sabine Giger Verlag, CH-8852 Altendorf
Lektorat: Frank Auerbach, D-82024 München
Satz: Pro libris, D-71672 Marbach am Neckar
Druck: GGP Media, D-07381 Pößneck
Printed in Germany

ISBN 3-9521952-5-1

## *Vorwort*

Was ich in diesem Buch erzähle, beruht auf meinen Erinnerungen und entspricht der erlebten Wirklichkeit. Vieles mag hart, vielleicht zu hart geschildert erscheinen, aber nichts davon ist meiner Fantasie entsprungen.

Ich will mit diesem Buch nicht anklagen und schon gar nicht verurteilen. Ich möchte nur beschreiben, was geschehen und was gewesen ist, und das so wahrheitsgetreu, wie ich es kann, und so kritisch, wie es sein muss.

Im Rückblick verklärt die Zeit oft das Erlebte. Zeit ist ein von Gott gegebenes Opiat, das es uns Menschen möglich macht, nach schmerzvollen Erfahrungen wieder Ruhe zu finden.

Dem, was noch kommt im Leben, möchte ich mit kindlichen Augen erwartungsvoll entgegenschauen ...

*Ernst Hannawald*

# Inhaltsverzeichnis

## Kerkertage, Kerkernächte

Ich werde geweckt vom lauten Schlüsselgeräusch beim Aufschließen der Zellentürklappe, der kleinen Luke, fünfundzwanzig mal fünfundzwanzig Zentimeter. Auch heute, wie am Morgen der vorangegangenen Tage, bin ich so jäh erwacht, dass mein Traum aus der zu Ende gehenden Nacht wieder nicht haften blieb in meiner Erinnerung – was ich als sehr bedrückend empfinde, wo doch diese Träume meine einzige Verbindung nach draußen sind. Traum als Fluchtweg – wohin auch immer meine Gedanken, Wünsche, Hoffnungen, meine Traum-Imaginationen, gelenkt durch meinen Geist, mich tragen. Dort bin ich, dort kann ich genießen, verweilen, auftanken, entfliehen aus dieser stinkenden, grauen, engen Zelle, drei Meter lang, eins fünfzig breit, vier Meter hoch, das Fenster am Kopfende des Raumes ist erst in drei Meter fünfzig Höhe eingebaut. Ganze fünfzig Zentimeter hoch ist dieses Fenster. Es reicht über die volle Breite von eins fünfzig und wirft genügend Licht in diese Kloake – Zimmer könnte ich dies hier kaum nennen –, die Toilette offen, stinkend nach Urinstein, stinkend auch nach anderen Fäkalgerüchen, die immer wieder in diese lange, enge Zelle steigen, je nach Wetterlage, abhängig vom Luftdruck.

Ich bin hier im fünften Stock dieses Gemäuers, das zur Gänze aus Stahlbeton besteht. Es ist März. Die Zelle ist kalt und feucht. Doch schon in wenigen Wochen, spätestens in zwei Monaten, wird sich dieser

Hühnerpferch mit den Außenmaßen eines Straßenblocks der New Yorker Bronx erwärmen, aufheizen, sodass es nachts bis zu dreißig Grad haben kann im Inneren meiner Zelle. Wie all die anderen Gefangenen werde ich Tag und Nacht auf dem Bett liegen, wie Hunde, wie räudige Köter werden wir nach Luft hecheln. Und das im Jahre des Herrn 1998. Der Staat zahlt lieber einige hunderttausend Mark an Strafgeldern aus Steuermitteln, weil diese Form der Menschenhaltung schon lange nicht mehr den Anforderungen des Büros für Menschenrechte in Genf und anderer Organisationen genügt, so sagten mir Mitgefangene – alles andere, alle Einwände sind denen doch scheißegal. Wen kümmert's?

Meine Gedanken bewegen sich draußen, bewegen sich drinnen, bewegen sich hier, drehen sich in mir. Gedankenfrei möchte ich sein. Gedankenfrei möchte ich werden. Leerheit. Soheit erfahren im Kopf. Es gelingt mir nicht, so spinne ich weiter. Was soll ich auch anderes tun hier in dieser engen, grauen Zelle, vierundzwanzig Stunden am Tag? Nachts schlafen, vielleicht. Träumen, vielleicht. Herausgerissen werden am Morgen. Dann: auf und ab gehen, vier Schritte vor, vier zurück, eineinhalb zur Seite. Das war's. Hin und wieder steige ich auf den in der Wand befestigten Tisch. So kann ich mich nach oben ziehen und aus dem Fenster sehen, denn wenn ich unten am Boden stehe, kann ich nicht hinausschauen.

Draußen ist es laut. Es wird gebrüllt, geschrien, getobt. Einer meiner Mitgefangenen hat einen Koller, Haftkoller, tobt, schreit und schlägt an die Zellentür. Der Sicherheitsdienst ist angerückt. Ein kurzes Platschen, ein kurzes Schlagen, ein kurzes Brüllen, und es ist Stille. Totenstille. Ich begebe mich zurück, nach draußen in meinen Gedanken, begebe mich auf Reisen. Auf Zeitreise. Was soll ich schon anderes tun hier?

Meine Zellentür wird geöffnet. Der Wachmann tritt ein: »Herr Hannawald, mitkommen.« Also marschiere ich mit. Ich werde geführt durch lange Zellentrakte, Gänge, Zellentür auf, Zellentür zu, langer Gang, gehen, gehen, gehen, vor mir ein Wachmann, hinter mir ein Wachmann, Schlüsselbund in der Hand. Klappern, klimpern, ganz wichtig haben sie's. Nächster Zellentrakt, Türe auf, Türe zu. Und so werde ich in den Besucherraum geführt. Zu meinem Anwalt.

Wir sprechen über den bevorstehenden Prozess, über das, was ich zu erwarten habe an Strafmaß. Fünf, zehn, fünfzehn Jahre. »All das ist relativ«, sagt mein Anwalt. »Ich muss erst Akteneinsicht erhalten.«

Ich lese in der Bibel, ja, ich beschäftige mich mit der Bibel. Hilft mir das, dieses Schreckensszenario und den ganzen Zustand unseres blauen Planeten Erde besser zu verstehen – mit all dem Zähnefletschen und Messerwetzen? Täglich werden auf dem Balkan Menschen willkürlich erschossen, Frauen vergewaltigt, Kinder erschlagen. Unterdessen verabschieden die Vereinten Nationen eine Resolution nach der anderen, jubeln die Deutschen vor der Glotze über jedes gefallene Fußballtor. Ich denke an die toten Frauen und Kinder. »Alles Einzelfälle, Herr Hannawald, das darf man nicht so ernst nehmen, alles Einzelfälle. Und wir hier leben in einem demokratischen Rechtsstaat.«

Ist mir das ein Trost? Ich suche weiter in der Bibel. Wieder wird die Zellentür geöffnet. Der Wachmann: »Herr Hannawald, packen, Sie werden verlegt.«

»Wohin, bitte?« – »Das werden Sie dann schon sehen! Packen!«

»Wohin soll ich gebracht werden?« – »Das sehen Sie dann schon noch. Jetzt packen Sie endlich.«

Und so packe ich meine Sachen in einen Karton und zwei Plastiktüten und begebe mich erneut in Begleitung von zwei Wachmännern auf die Wanderung durch die langen Flure und Gänge, über Treppen und durch Türen. Hinein in eine Zelle.

Vier Stunden bleibe ich in dieser so genannten Schubzelle. Dann holt man mich wieder ab und bringt mich in den Neubau.

Vor Wochen hatte ich ein Gespräch mit einem Anstaltspfarrer gehabt und erfahren, dass es im Neubau weniger hart zugehen soll. Also stellte ich einen Antrag. Und habe keine Antwort erhalten. Aber nun bin ich im Neubau N2A. Immerhin.

Hier werde ich der Qual der Enge nicht nur in Träumen, in Gedanken- und Zeitreisen entfliehen, hier kann ich meditieren, intensiv meditieren und mir die Erinnerung an die Menschen meiner Familie, an meine liebsten Menschen, die Lebenden und die Toten, ins Hier und Jetzt visualisieren. In Zellentrakt und Hofgang. Und mit ihnen eine Antwort auf die Frage suchen: Wie konnte es nur kommen, dass ich jetzt hier sein muss?

Ich werde ein Tagebuch schreiben, Erinnerungen aufschreiben auf der Suche nach mir selbst, eintauchen in das, was gewesen ist …

## Auseinander gerissen

Die frühesten Erinnerungen an meine Kindertage –
ich war vielleicht vier oder fünf Jahre alt – sind keine
schönen Eindrücke: Männer in Uniformen füllten den
Flur unserer Wohnung, und ich hatte Angst. Die
Fremden waren mir unheimlich. Meine Geschwister –
vier Mädchen und mein Bruder – und ich standen
weinend im Flur, wir sahen uns umringt von diesen
Polizisten.

Im Wohnzimmer herrschte ein Höllengeschrei. Der
Vater brüllte unsere Mutter an. Immer wieder ging die
Wohnzimmertür auf, und während sie geschlossen
war, konnten wir durch das geriffelte Glas der Tür nur
die Schatten unserer streitenden Eltern sehen. Trat einer der Uniformierten aus dem Wohnzimmer auf den
Flur, dann konnte ich zwischen seinen Beinen hin-
durchschauen. Da sah ich den Vater, der unserer Mutter mit geballten Fäusten gegenüber stand und sie an-
schrie. Das Gefühl, das ich dabei empfand, diese
Traurigkeit, kann ich nicht in Worte fassen.

Eine Frau von der Sozialfürsorge und zwei Polizisten waren mit im Wohnzimmer. Ich mochte sie nicht.
Ich kannte sie schon von zahllosen früheren Besuchen
bei uns zu Hause. Es bedeutete nie etwas Gutes, wenn
sie auftauchten. Das Geschrei meiner Eltern wurde
immer lauter. Gegenstände zerbarsten, ein wüster
Kampf tobte in dem Zimmer. Ich betete: »Lieber Gott,
ich war doch wirklich brav, die ganzen letzten Tage
war ich brav. Mach doch bitte, dass alles wieder gut

wird!« Mein Gebet kam von Herzen, aus dem Herzen eines kleinen Kindes, aber es fand kein Gehör.

»So kann es nicht weitergehen, wir nehmen die Kinder jetzt mit. Wir haben keine andere Möglichkeit mehr«, sagte die Frau von der Sozialfürsorge. Mir stockte der Atem, ich machte die Augen fest zu und wünschte, ich wäre unsichtbar. Dann schlich ich mich verängstigt in den Kohlenkeller und kletterte auf den Kohlenhaufen, der vom Boden bis an die Kellerdecke reichte. Dort begann ich verzweifelt zu graben.

Vater rief: »Mach es mir nicht so schwer, ich will doch auch nicht, dass man euch wegbringt!« Ich hielt mich ganz still, hatte die Nase voller Kohlenstaub und ahnte nicht, in welcher Gefahr ich mich befand. Vater weinte. Noch während ich versuchte, mich aus dem Kohlenberg zu befreien, rasselte der gesamte Koks hernieder und begrub mich. Verzweifelte Schreie meines Vaters hörte ich noch, dann war es still.

Als ich wieder zu mir kam, lag ich rußverschmiert auf der Rückbank des VW-Busses der Polizei. Meine Mutter lief schreiend hinter dem Fahrzeug her, genauso schrien und weinten meine Geschwister, die mit mir in dem Polizeifahrzeug waren. Ich musste andauernd husten, meine Nase lief, alles verschmierte sich mit dem Ruß auf meinem Gesicht. Karin, meine älteste Schwester, nahm den Zipfel ihres Rockes, spuckte mehrmals darauf und rieb mir den Dreck aus dem Gesicht. Dabei sah ich Mutter immer noch auf der Straße hinter uns herlaufen.

Sie verschwand allmählich als kleiner Punkt in der Ferne. So sah ich Mutter für Jahre zum letzten Mal. Die Fahrt dauerte sehr lange. Unser unterdrücktes Schluchzen verstummte nach und nach.

Irgendwann hielt der Wagen an, und mein Bruder Josef sollte aussteigen. Er schrie wie am Spieß. Auch wir schrien und weinten wieder, klammerten uns aneinander und wollten ihn nicht loslassen. Doch mein kleiner Bruder wurde aus dem Wagen gezerrt. Wir drängten hinterher. Aber die Schiebetür wurde zugeknallt. Josef strampelte, weinte und tobte in den Armen eines Polizisten, streckte seine Arme aus nach uns Geschwistern. Die Frau von der Sozialfürsorge, die uns in einem anderen Wagen gefolgt war, kam herbei, öffnete die Schiebetür unseres Fahrzeugs und begann sehr zornig und laut mit uns zu schimpfen.

Mehrere Zwischenaufenthalte dieser Art gab es, bis wir am Ende nur noch zu dritt waren: Karin, Inge und ich blieben übrig. Niemand sprach mit uns. Einsam und verängstigt hielten wir uns an den Händen. Mein heftig pochendes Kinderherz kam ein wenig zur Ruhe. Doch nur für kurze Zeit. Denn wir fuhren jetzt durch einen dunklen Waldweg eine Anhöhe hinauf, und plötzlich zeigte sich ein gewaltiges Gebäude, das wie eine Burg aussah.

## Einmal ins Waisenhaus,
## wieder ins Waisenhaus

Es war das Waisenhaus von Rosenheim. Wir hielten an vor einer riesengroßen, breiten, hohen Steintreppe. Ein gewaltiger Balkon überspannte sie. Zwei große Türen aus dunklem Holz bildeten den Eingang. Meine beiden Schwestern waren vollkommen erschöpft und wurden von den Polizisten die Treppe hinaufgetragen. Mich führte die strenge Frau von der Sozialfürsorge an der Hand. Sie sagte: »Jetzt musst du dich von deinen Schwestern verabschieden.« Verängstigt klammerte ich mich an Karin und Inge. Grob wurde ich weggerissen.

Karin und Inge wurden von einer Nonne an der Hand in den ersten Stock geführt. Sie drehten sich immer wieder nach mir um. Die Trennung war schrecklich. Mir war es verboten, nach oben zu gehen, denn Mädchen und Jungen wurden streng getrennt. Die Nonnen des Waisenhauses waren ganz in Schwarz gekleidet und wirkten bedrohlich auf mich. Ich fürchtete mich sehr.

In der ersten Nacht im Waisenhaus, als ich im dunklen Schlafsaal aufwachte, weil ich auf die Toilette musste, hörte ich leisen Chorgesang. In riesigen Betten überall um mich herum schliefen Kinder. Durch einen Spalt der Schlafsaaltür fiel schwacher Lichtschein herein, sodass ich mich zur Tür zu gehen traute. Der Gang war hell erleuchtet, aber menschenleer. Ganz am Ende war es stockfinster, dort aber musste ich hin.

Barfuß und nur mit dem Schlafanzug bekleidet stand ich nun auf diesem Flur und hörte wieder das leise Singen, vermischt mit Orgelmusik. Magisch angezogen von diesen Klängen, ging ich darauf zu. Obwohl ich Angst hatte in diesem kalten, dunklen Gang, siegte meine kindliche Neugier.

Vor einer riesigen, zweiflügeligen Holztüre stehend, schaute ich mal mit dem linken, mal mit dem rechten Auge durch den Türspalt. Ich erblickte einen Sarg, der weit vorne beim Altar aufgestellt war. Von der Decke hing ein großes Kruzifix herab. Kerzen brannten und warfen flackerndes Licht auf kniende Nonnen. Mein Mund berührte die Tür, ich hielt den Atem an. Gebanntes Staunen mischte sich mit Furcht.

Plötzlich klatschte eine Hand auf meinen Nacken, schlug auf meinen Rücken. Ich drehte mich, stolperte, stand immer wieder auf, fühlte harte Schläge auf meinem Körper, in meinem Gesicht. Das Licht im Flur war erloschen, sodass ich plötzlich vollkommen im Dunkeln war und stolperte, von andauernden Schlägen malträtiert. Das Licht ging wieder an, ich lag auf dem kalten Steinboden, eine Nonne mit wallendem schwarzem Gewand blickte auf mich herunter.

Das war mein Einstand im Waisenhaus. Warum ich so geschlagen wurde, weiß ich nicht. Allerdings hörte ich am Tag nach diesem Ereignis, dass die Schwester Oberin gestorben war und man sie in der Kapelle aufgebahrt hatte. Ob es das war, was ich gesehen hatte und nicht sehen durfte?

Mit heißen Ohren und schmerzendem Körper lag ich wenig später wieder im Bett dieses großen Schlafsaals. Holzjalousien warfen ihre Schatten an die Wand, während die Blätter der Bäume draußen vor der Laterne tanzten, weinte ich vor mich hin und sagte leise die Namen meiner Geschwister.

Früh am nächsten Morgen, als alle Kinder im Schlafsaal noch fest schliefen, waren meine ersten Gedanken bei Vater, Mutter und bei allen meinen Geschwistern. Und wieder rollten Tränen über meine Wangen. Still rief ich nach meiner Mutter.

Als ich aus dem Bett kletterte, spürte ich am ganzen Körper Schmerzen von den Schlägen der Nonne in der vergangenen Nacht. Nur mit dem Schlafanzug bekleidet, lief ich durch den Schlafsaal, der jetzt von Sonnenstrahlen durchflutet wurde, die durch die Ritzen der Holzjalousien in kleinen Lichtkegeln auf die Betten, die Wände und auf den Boden fielen. Milliarden von feinen Staubpartikeln blitzten wie Leuchtkäfer. Darüber vergaß ich meine Schmerzen am Körper und die in meiner Seele.

Vom Flur her erklang sakrale Orgelmusik. Alle Kinder schliefen noch fest. Ich lief zum großen Eingangsportal und hinaus, hinunter über die steinerne Freitreppe, weiter über die mit Kies bedeckte Auffahrt des Waisenhauses, hinein in den angrenzenden Wald. Dort funkelte der Morgentau auf den Tannenzweigen wie tausend winzige Lichter. Es duftete wunderbar nach Waldboden, die Vögel zwitscherten laut. Vor einer riesigen Tanne, deren Wurzeln sich männerfußdick über den mit Moos bedeckten, von Farnen überwucherten Waldboden streckten, setzte ich mich hin, lehnte mich an den Baumstamm und machte die Augen zu.

Ich lauschte dem leichten Wind, der durch das Geäst des Waldes strich, dem Gesang der Vögel, genoss die Sonnenstrahlen, die durch die schaukelnden

Tannenzweige fielen und auf meinem Gesicht tanzten. Mit diesem Glück im Herzen war ich wieder ein Kind – einen kurzen Augenblick lang.

In den folgenden Wochen tobte der Scheidungskrieg zwischen meinen Eltern. Mutter wurde, was damals noch möglich war, schuldhaft geschieden. Das Sorgerecht erhielt Vater. Das Aufenthaltsbestimmungsrecht allerdings blieb dem Sozialfürsorgeamt vorbehalten. Dieses entschied, dass meine Geschwister und ich im Waisenhaus bleiben sollten.

Ich war traurig und hatte kein Vertrauen mehr, weder zu unserem Vater noch überhaupt zu Erwachsenen. Im sich wiederholenden Rhythmus der Gebete, des Singens im Kirchenchor sowie der heftigen, drakonischen Strafmaßnahmen der Nonnen entwickelte ich einen Hass auf alles, was mit der Kirche zu tun hatte. Trotzdem betete ich oft im nahe gelegenen Wald, der das Waisenhaus umschloss wie die Burgmauer eine Festung.

Es gab eine liebe Betreuerin, Frau Wargentin, die sich um uns kümmerte. Sie besuchte uns regelmäßig und war in den kommenden Jahren unser einziger Lichtblick. Meist kam sie mit ihrem VW-Bus, um uns Kinder über das Wochenende oder nur sonntags zu sich nach Hause zu holen. Denn wenn Vater an den Wochenenden schwarz arbeitete, um überhaupt den finanziellen Beitrag für uns Kinder aufbringen zu können, zu dem er von Amts wegen gezwungen war, hatte er keine Zeit mehr für uns. Ihm blieben oft nur zwanzig Mark im Monat für sich selbst. Davon kaufte er sich Zigaretten und Bier.

Frau Wargentin hatte mich einstmals als Säugling, nur mit Windeln bekleidet, im Schnee vor unserem

Haus gefunden. Wenn sie uns an Wochenenden im Waisenhaus besuchte, war das immer wie am Weihnachtsabend. Mit strahlenden Gesichtern rannten wir Kinder in ihre Arme. Ich durfte vorne im VW-Bus auf ihrem Schoß sitzen, wir fuhren dann auf dem kiesbedeckten großen Parkplatz vor dem Waisenhaus, mitten im Wald, einige Runden im Kreis. Ich habe das geliebt, vor allem wenn ich lenken durfte – mehr aber noch das Gefühl, von ihren Armen umschlossen zu sein. Der Kontakt zu dieser lieben Frau und ihrer Familie besteht noch heute, wenn auch leider nur sehr sporadisch. Es ist schön, dass es sie noch gibt. Sie gründete vor langer Zeit »Das Werk«, eine gemeinnützige Einrichtung, die sich um Kinder aus sozial schwachen Familien kümmert.

## Vaters neue Frau

Vater verlobte sich aufs Neue. Und er kam uns Kinder im Waisenhaus abholen. Ich weiß noch, dass ich voller Aufregung mit allen meinen Geschwistern im VW-Bus von Frau Wargentin saß, den sich Vater von ihr geliehen hatte. Josef und Lissi holten wir auf unserer Fahrt bei ihren Pflegeeltern ab. Unsere Spannung wuchs mit jedem Kilometer, den wir uns der kleinen Wohnung näherten.

Doch die Freude über die neue Mutter war nur von kurzer Dauer, denn sie verließ Vater über Nacht wieder. Vater wollte uns trotzdem nicht mehr zurück ins Waisenhaus geben.

In diesen kurzen Monaten zu Hause sorgte meine Schwester Karin wie eine Mutter für uns, obwohl sie selbst noch ein Kind war. Wir versuchten, den Nachbarn gegenüber geheim zu halten, dass auch die neue Mutter nicht mehr da war. Kurze Zeit ist das auch gelungen, Karin war aber mit der Situation total überfordert.

Vater arbeitete hart, kam spät nach Hause, und wir sahen ihn nur selten. Für mich und meine Geschwister war das eine spannende Zeit. Wir hatten die allergrößten Freiheiten. Doch bald gab es Chaos, Berge von schmutziger Wäsche, wir liefen verdreckt und mit verfilzten Haaren durch die Gegend. Es kam, wie es kommen musste – das Fürsorgeamt wurde von den Nachbarn informiert. Und die Polizei brachte uns zurück ins Waisenhaus.

Unsere leibliche Mutter war zu dieser Zeit schon lange nicht mehr da. Ich erinnere mich, dass ich einmal nachmittags allein zu Hause war, als Vater uns wieder für ein Wochenende heimgeholt hatte. Plötzlich erschien unsere Mutter mit Polizisten. Ich habe brav geholfen, einige Gegenstände von ihr mit hinaus in das Auto zu tragen. Unterdessen kam Vater mit unserer Großmutter und meinen Geschwistern. Es herrschte eine große Spannung, die wir Kinder natürlich alle spürten. Wir waren sehr verwirrt. Mutter wurde von den Polizisten mitgenommen. Ich lief schreiend und weinend hinter dem Auto her, stolperte, verlor einen Filzpantoffel, fiel hart zu Boden und schaute dem davonfahrenden Polizeiauto nach. Dabei spuckte ich Blut aus, weil ich mir einen Zahn ausgeschlagen hatte und weinte fürchterlich, doch Großmutter war sehr hart. Sie war zornig, schimpfte mit mir und sagte: »Wie kannst du das deinem Vater nur antun, dieser Schlampe hinterherzulaufen!« So nannte sie unsere Mutter. Meine übrigen Geschwister standen verstört auf der Straße umher und versuchten tapfer, ihre Tränen zu verbergen.

## Kalte, düstere Kindheit

Ich zog mich in meine eigene Kinderwelt zurück. Im Waisenhaus verließ ich frühmorgens oft den Schlafsaal und schlich mich durch das Gemäuer, flüchtete immer wieder in den Wald. Ich fröstelte, doch die frühen Sonnenstrahlen, die auf meinen Körper fielen, begannen mich zu wärmen, so als breitete jemand seinen Mantel über mich. Ich kniete nieder auf dem moosbewachsenen Waldboden, und Tränen rannen über meine Wangen. Ich betete: Lieber Gott, bitte lass mich und meine Geschwister wieder nach Hause, nach Hause für immer. Aber der liebe Gott hat wohl noch geschlafen zu so früher Stunde, oder er hatte Wichtigeres zu tun.

Ich kam nicht nach Hause, sondern einige Jahre später nach Marktl in ein Internat. Eigentlich war es ein Erziehungsheim. Ich war zu alt geworden für das Waisenhaus, ebenso meine Geschwister.

Unsere Wege trennten sich. Ich wusste nicht, wo sie waren. Wir waren immer stark miteinander verbunden. Die Trennung riss tiefe Seelenwunden in unsere Kinderherzen. Ich habe Wut auf vieles, was geschah, Wut auf die katholische Kirche, die damals und noch heute gegen die Empfängnisverhütung zu Felde zieht.

Diese Kirche, die von den Kanzeln herab, donnernd durch das Kirchenschiff, Bußpredigten hält und Menschen bevormundet, große Klöster und monströse Kirchenbauten unterhält, für die Millionen aufgewendet werden müssen. Aber Vater bekam kein Geld, als er es dringend brauchte für die Kleidung und das Essen für uns Kinder. Die Kirchensteuer wurde ihm unerbittlich abgezogen von seinem geringen Einkommen. Er ging sogar zum Blutspenden. Das Paket, das er damals dafür bekam, enthielt Schokolade, Kekse sowie andere Dinge, aber davon konnten wir uns kaum satt essen. Trotzdem warf Vater bei seinen Kirchenbesuchen Münzen in den Opferstock, Geldstücke, für die er hätte Brot kaufen können. Der Pfarrer hingegen ließ sich allabendlich seinen Messwein schmecken, auch manch andere Leckereien, die ihm von nicht weniger armen Familien, als wir es waren, gebracht worden waren.

Unser Vater war abgearbeitet von den zahllosen Überstunden, die er wegen der hohen Pflegekosten für die Heime, in denen wir Kinder untergebracht waren, leisten musste. Ihm blieb kaum Geld übrig, um sich selbst vernünftig zu versorgen. Seinen Schmerz über den Verlust seiner Kinder vermochte er nur im Alkohol zu ertränken. Vater wurde zum Trinker. Auch er hatte keine schöne Kindheit gehabt. Aber davon wusste ich damals nichts. Ich verstand so vieles nicht, was damals alles geschah. Man erzählte es mir später.

Vater war Baggerfahrer und hatte sein erstes Kind mit dem Bagger während der Arbeitszeit totgefahren. Es war in der nahe gelegenen Kiesgrube passiert, nicht weit von unseren Baubaracken, wo wir anfänglich wohnten. Er wurde vom Gericht freigesprochen. Aber Vater hat dieses Ereignis sein Leben lang mit sich herumgeschleppt. Er und auch die Mutter begannen zu trinken. Beide waren damals noch recht jung. Mutter war sechzehn oder siebzehn, Vater nicht viel älter, um die zwanzig.

So nahm die Katastrophe ihren Lauf. Denn den Tod ihres Kindes konnten beide nicht verwinden. Mutter suchte Trost bei anderen Männern, sie ließ sich auf vielerlei Liebschaften ein und kam tagelang nicht nach Hause. Hungernd, schmutzig, mit Bergen von Wäsche ließ sie uns Kinder zurück, während Vater hart bis in die Nacht arbeitete und todmüde heimkam.

Wenn er sich am nahe gelegenen Kiosk bei der Kiesgrube, wo er arbeitete, sein Mittagessen holte, betrug die Rechnung oftmals bis zu hundert Mark für eine Wurstsemmel und eine Limo. Wenn Vater diesen Betrag empört beanstandete, sagte man ihm: »Du, Ernst, das sind alles die offenen Rechnungen von deiner Frau.« Unzählige Geschehnisse dieser Art führten schließlich zur Trennung der Eltern.

Die Kindertage im Waisenhaus wurden zu Jahren, unterbrochen von kurzen Aufenthalten, wenn Vater eine neue Mutter für uns gefunden hatte. Auch Frau Wargentin kam weiterhin regelmäßig zu Besuch. Einmal in dieser Zeit wurde ich von einem mir fremden Ehepaar abgeholt für einen Tagesausflug. Wir fuhren ins Grüne zu Kaffee und Kuchen. Ich sollte begutachtet werden. Dieses Ehepaar beabsichtigte, mich zu adoptieren. Das Geschnurre »Ach, was für ein süßer Bub!« war schnell vorbei, als ich von zu Hause zu erzählen begann. Mit einem tapferen Handschlag habe ich mich dann im Waisenhaus von diesen Leuten verabschiedet und sie nie wieder gesehen.

Einige Jahre später, ich mag acht Jahre alt gewesen sein, besuchte mich Vater in Marktl am Inn, wohin ich nach dem Waisenhaus Rosenheim gekommen war. Er hatte wieder geheiratet, seine nun dritte und bis heute letzte Frau. Seine Besuche wurden immer seltener.

Obwohl manche meiner Geschwister kurzzeitig nach Hause geholt wurden, blieb dort niemand auf Dauer. Manchmal durfte ich für wenige Tage in den großen Sommerferien zu Vater. Ich muss sagen, dass sich Stiefmutter und ich vom ersten Moment an nicht besonders mochten.

Was aus dieser Zeit in meinen Erinnerungen vorhanden ist, will ich heute nicht schönreden. Ich war ein Kind, wie auch alle meine Geschwister. Sie war eine erwachsene Frau. Hungernd musste ich oft zu Bett gehen, während sie sich von meiner Schwester vom nahe gelegenen Gastwirt Schnitzel mit Kartoffelsalat holen ließ. Auch ich musste diese Besorgung hin und wieder für sie erledigen. Ich erinnere mich, dass ich an solchen Tagen ein Wurstbrot oder nur Brot mit Butter bekam.

Wenn Vater von der Arbeit nach Hause kam, war sie lieb und nett. Vater hatte wieder festen Boden unter den Füßen gefunden. Er hatte sich zum Bahnangestellten umschulen lassen. Vater und Stiefmutter mit Kind waren eine neue Familie, in der wir keinen rechten Platz mehr hatten. Keiner wurde auf Dauer nach Hause zurückgeholt von den Pflegeplätzen oder Heimen, in denen wir lebten – außer in den Sommerferien, zu Ostern oder zur Weihnachtszeit, jedoch nicht jedes Jahr. Es war eine harte Zeit für mich.

Es war Sommer, mein erster im Erziehungsheim Marktl. Dort waren die Nonnen streng. Ich wurde nicht nach Hause abgeholt, auch viele meiner Freunde nicht, mit denen ich dort lebte, Schmerzen, Freude und Trauer teilte. Wir mussten auf den Feldern arbeiten, die Eigentum des Heimes waren. Bis heute weiß ich nicht, weshalb mein Vater mich in diesen Sommerferien nicht nach Hause holen kam. Zwei Tage verbrachte ich am Fenster zum Hof, dort bestiegen andere Kinder die Autos ihrer Eltern, um in die Sommerferien zu fahren. Die Buben lachten, tollten, sprangen um ihre Eltern. Mancher winkte mir zu, und ich winkte zurück.

Die Sommersonne ging langsam unter, von den gemähten Wiesen duftete das Heu herüber zum offenen Fenster, wo ich stand und den anderen Buben nachwinkte. Ich hatte Heimweh, war alleine mit mir und wenigen anderen Jungen, die auch zurückbleiben mussten. Ungeliebte, alleine gelassene Kinder, von denen ich eines war.

Am ersten Tag weinte ich noch abends im Bett, verstohlen unter meiner Bettdecke im großen Schlafsaal. Ich war ja schon groß, Weinen war was Memmenhaftes, kein Ausdruck von Stärke. Doch starke, große Buben, das wollten wir alle sein. Am zweiten Tag habe ich dann geflucht, weil mir meine Nase wehtat, während ich sie an der Fensterscheibe platt drückte und sehnsüchtig über den großen Hof schaute – über Felder und Wiesen zur entfernt gelegenen Schnellstraße, wo ich hoffte, das Auto meines Vaters zu erblicken. Ja, an diesem zweiten Tag habe ich dann alles und jeden verwünscht.

Schwester Anholda holte mich zu sich. Still und bedrückt, mit einem Hauch von Mitgefühl sagte sie: »Ach, mein Junge, es tut mir Leid, aber dein Vater wird nicht kommen. Er hätte dich gerne geholt, aber seine Frau, deine Stiefmutter, möchte das nicht.«

Ich musste weinen, und Schwester Anholda wischte mir mit ihrem Taschentuch die Tränen fort.

Die Stiefmutter wurde nie und nimmer meine Freundin, und ich schloss sie fortan auch nicht mehr in meine Nachtgebete ein.

In diesen Tagen saßen wir zurückgelassenen Kinder bei Sommerhitze im Turnsaal der Schule. Diese war dem Heim angegliedert. In diesem Turnsaal mussten wir uns den Diavortrag eines Pfarrers ansehen.

Es war furchtbar! Ich und viele andere Buben, wir fürchteten uns zu Tode, und das bereitete diesem Herrn von der Kirche sichtlich Freude. Die Bilder zeigten eine zerstörte Sakristei, zerfetzte Ordensgewänder, ein zerbrochenes Kruzifix. Unvermittelt flüsterte uns der Pfarrer zu: »Auch dich kommt Luzifer holen, wenn du dich nicht rein hältst!« Ich verstand nicht, was er mir damit sagen wollte. Später erzählte mir ein Junge aus meiner Gruppe, dass er sein Glied zeigen musste, und auch ich wäre bald an der Reihe.

Er sagte: »Pass bloß auf, dass er nicht blau ist, sonst kannst du was erleben. Wichsen ist eine Todsünde.«

Ich verstand zu dieser Zeit nicht, was dieser Junge mir sagen wollte, doch vor dem Pfarrer hatte ich große Angst, wie die meisten anderen Buben auch.

Einige Tage vergingen, mein Heimweh wurde unerträglich, mein Verlangen nach Freiheit noch mehr. So lief ich an diesem Tag unüberlegt und kopflos davon, verbrachte die Nacht draußen im Wald, schlief in einer Kapelle nahe am Waldrand, nicht weit vom Erziehungsheim entfernt. In der Finsternis der Nacht hatte ich schreckliche Angst, doch das Gefühl, frei zu sein, war stärker.

Diese kleine Kapelle hatte einen Raum im Giebel, in den man von außen einsteigen konnte, was ich auch tat. Dieser Platz war einigen von uns Buben bekannt – einer kleinen verschworenen Gruppe.

Bevor ich mich dorthin zurückzog, war ich beim nahe gelegenen Bauernhof vorbeigeschlichen, hatte mir einige Eier aus dem Hühnerstall geholt, sie aufgebrochen und gierig verschlungen.

Dann streunte ich frei im Wald herum. Ich saß oben auf dem Waldberg, schaute auf das weite Tal hinunter, sah den Inn, der seine tiefe Furche bis zum Horizont in die Landschaft grub. Dort unten lag der winzige Ort Marktl am Inn. Im linken Augenwinkel konnte ich das ausgedehnte Gelände, sowie die Gebäude des Internats sehen. Ich vermied es aber, direkten Blickkontakt herzustellen. Irgendeine Nonne könnte ja von da unten direkt in meine Augen schauen und mich dadurch zwingen, wieder hinunterzusteigen. »Nein, ich gehe nie mehr dorthin zurück«, sagte ich laut vor mich hin. Ich schrie in den Wald hinein: »Nie mehr, nie mehr!!!«

Ein Echo hallte zurück, sodass ich mir erschrocken die Hand vor den Mund legte. Es begann bereits zu dämmern. Mit der angehenden Dunkelheit verließ mich mein Mut, und ich sehnte mich nach meinem Bett im Heim. Für geringste Vergehen hatte ich harte Strafen erhalten. Was wäre also, wenn ich reumütig zurückkehrte? Ich überlegte lange hin und her – was tun, wohin soll ich gehen? Der Heizungskeller, in den man mich einen ganzen Tag lang eingesperrt hatte, war mir noch in allzu »guter« Erinnerung. Auch die Striemen an Po und Rücken vom letzten Zornesausbruch der Schwester Oberin spürte ich noch lange. Nein, ich war jetzt frei und wollte es bleiben!

Während ich da oben saß und träumte, war es Nacht geworden. Ich ging vom Berg hinunter und kletterte in den Dachraum dieser kleinen Kapelle, legte mich auf den harten Holzboden, schloss meine Augen, konnte aber keinen Schlaf finden. Nicht in den ersten Stunden der Nacht, die wie ein Albtraum war. Es kam starker Wind auf, der sich zu einem Sturm entwickelte, die Äste der Bäume klatschten auf das Holzschindeldach der Kapelle. Es war ein höllisches Geräusch. Der Wind sang diabolisch klingende Lieder zwischen den Ritzen der Holzlatten hindurch. Ich begann das Vaterunser zu beten, bis ich dann doch noch in den Schlaf fiel.

Es war heller Tag, als ich erwachte. Mit steif gefrorenen Gliedern kletterte ich aus meinem Versteck, lief durch den Wald und erreichte die Hauptstraße. Ein Bauer aus der Umgebung, der vorbeikam, nahm mich mit. Ohne mit mir zu sprechen, fuhr er zum Erziehungsheim, das in Luftlinie gerade mal einen halben Kilometer entfernt lag. Es hatte sich immer in Windeseile herumgesprochen, wenn ein Junge aus dem Heim entlaufen war. Es war wohl auch nicht schwer zu erkennen gewesen, dass ich dorthin gehörte. Im Heim wortlos abgeliefert, wurde ich von der Schwester Oberin ins Verhör genommen, bekam die obligatorische Tracht Prügel und erhielt Hausarrest für unbestimmte Zeit. Nur zu den Mahlzeiten durfte ich den großen Schlafsaal verlassen. Es war mir verboten zu sprechen, und auch allen Kindern in meiner Gruppe war es untersagt, mit mir zu reden. So musste ich bei den Mahlzeiten alleine in einer Ecke des Speisesaales sitzen. Nach dem Essen, morgens, mittags wie abends, musste ich sofort wieder zurück in den Schlafsaal, in mein

Bett. Nach etwa einer Woche – eine Ewigkeit für mich – wurde ich zur Schwester Oberin gebracht, die mir abermals eine gehörige Standpauke hielt. So zornig war sie, dass ich im Anschluss an diese »Belehrung« mit heißen Ohren und glühenden, schmerzenden Wangen den Raum verließ. Draußen im Flur reihte ich mich ein in meine Gruppe, in Zweierreihen gingen wir auf den Hof. Im Gänsemarsch, mit gedrilltem Stechschritt, marschierten wir hinaus auf den Kartoffelacker, wo wir vom Anhänger des Traktors einen Drahtkorb nehmen mussten. So stapften wir die Furchen des Ackers ab und sammelten schweigend die vom Pflug des Traktors aufgegrabenen Kartoffeln ein. Das begann um acht Uhr am Morgen, eine Stunde war Mittagspause, dann ging es weiter bis siebzehn Uhr.

Die einzige Freude an diesen Tagen war, wenn wir ein bestimmtes Kontingent erfüllt hatten und am Abend noch in das zum Erziehungsheim gehörende Freibad gehen oder für eine Stunde auf dem Spielplatz herumtollen durften. Aber »getollt« hat niemand mehr von uns – wir waren einfach zu müde.

Die Arbeiten wechselten mit den Jahreszeiten: Heu ernten, dann Mais und Kartoffeln. Im Herbst das Schwimmbad schrubben. Die Schuhe von allen Kindern putzen. Jeder war mal an der Reihe, wenn die Nonnen alles auf einen Haufen geworfen hatten, weil kleinste Schmutzreste an unseren Schuhen von ihr entdeckt worden waren. Immer wieder saß ich vor diesem Berg von Schuhen, die ich paarweise zusammensuchte und auf Hochglanz polierte. Ich musste sehr darauf achten, dass ich mir die Hände nicht mit Schuhcreme schmutzig machte, denn dafür gab es extra eine Bestrafung.

Der Herbst kam, ich hatte meinen achten Geburtstag und fühlte mich steinalt. Vater kam mich besuchen, lange hatte ich ihn nicht mehr gesehen, sehr lange. Sechs Monate waren vergangen seit seinem letzten Besuch. Auch sonst kam niemand in dieser Zeit, in der ich mich mit meiner Situation abgefunden hatte, mit den Tagesabläufen in diesem Erziehungsheim, die gleich bleibend monoton waren.

Vater kam also an meinem Geburtstag, nahm mich mit in den Ort, in einen Gasthof, kaufte mir ein paar Wiener, die ich gierig hinunterschlang. Er war wie immer wortkarg, redete nicht mehr als zwei, drei Sätze. »Wie geht's, hast du Hunger?« Dann zum Abschied noch ein kurzer Satz: »Tu schön brav sein, gell!«

Ich versprach es, reichte ihm tapfer die Hand, sehnte mich nach einer zärtlichen Berührung oder Umarmung, doch dafür war ich anscheinend schon zu groß. Ich schluckte, mein Herz schlug heftig, und ich versuchte, meine Tränen zurückzuhalten. Vater stieg in sein Auto und fuhr davon. Ich winkte ihm so lange nach, bis das Auto an der nächsten Biegung verschwand. Dann rannen meine Tränen über die Wangen, ich traute nicht, mich so den anderen Buben zu zeigen, also blieb ich eine Weile alleine auf dem großen Parkplatz.

Vater hatte mir zum Abschied ein Fünfmarkstück geschenkt. Ich wischte mir die Tränen fort, mit schnellen Schritten ging ich in das Dorf. Dort kaufte ich eine Schachtel Mohrenköpfe und ein tiefgefrorenes Huhn. Die Mohrenköpfe habe ich allesamt gierig verschlungen. Das gefrorene Huhn stopfte ich unter meinen Pullover, unangenehm kalt rieb das Huhn auf meinen dürren Rippen. Ich war nicht sonderlich gut genährt,

war stets kränklich blass und hatte obendrein Platt-
füße.

Zurück im Heim, begab ich mich sofort in den Keller. Schnell und verstohlen, damit mich ja niemand
sah. Im Keller war ein riesiger Ölheizungskessel. Ich
legte das Huhn auf den Kessel in der Hoffnung, dass
es bis zum Abend gar sei. Als ich gegen Abend wieder
hinunterstieg, um, wie ich hoffte, mein saftig gebrate-
nes Huhn zu holen, kam mir auf der Treppe die
Köchin entgegen. Sie trug eine Kiste Gemüse und
fragte mich: »Was machst du denn hier unten?«

Ich sagte ihr: »Heute ist mein Geburtstag, mein Vater hat mir fünf Mark geschenkt, und davon hab ich
mir ein Huhn gekauft, das habe ich auf den Heizungs-
kessel gelegt. Ich will sehen, ob es gar ist.« Die
Schwester lachte schallend, sodass ich einen hochro-
ten Kopf bekam. Sei doch nicht so laut, dachte ich.
Lach nicht so schrecklich laut, sonst kommen die Kinder hier in den Keller, und ich muss mit allen das
Huhn teilen ...!

Fleisch gab es nur sehr selten.

Ein Brathuhn, ein ganzes. Das war mir noch nie
vergönnt. Ich wollte zum ersten Mal in meinem Leben
ein ganzes Brathuhn für mich alleine haben. Immerhin war mein achter Geburtstag. Die Schwester wollte
wissen, wo ich das Tier hingelegt hätte. Zögerlich
zeigte ich es ihr. Jetzt ist alles aus, dachte ich. Sie
nahm das angetaute Huhn vom Heizkessel. »Ja, bist
du denn narrisch!«, herrschte sie mich an. »Da ist ja
noch das Plastik dran.« Das Huhn war noch fleischfar-
ben bis rosa und ich bitter enttäuscht. Die Schwester
nahm das Huhn mit, sie versprach mir, es für mich in
der Küche zuzubereiten. »Heute Abend kannst du es

essen«, sagte sie und ermahnte mich: »Ein bisschen musst du mit den anderen teilen.« Ich versprach widerwillig, das zu tun. Das Huhn wurde am Abend von mir und einigen, die ich leiden mochte, verzehrt. Schmatzend gruben wir unsere Zähne in das gegrillte Fleisch, wie kleine gierige Hunde – mit argwöhnischen gegenseitigen Blicken.

Tags darauf hatte ich hohes Fieber, kotzte und schiss mich beinahe zu Tode – die, mit denen ich das Huhn geteilt hatte, auch. Am Abend, als wir krachend in die knusprigen Schenkel gebissen hatten, waren sie alle meine besten Freunde geworden. Am nächsten Tag war das mit der Freundschaft wieder vorbei. Kotzend hing einer nach dem anderen – oder wir alle gemeinsam – über der Kloschüssel. Einer schiss sich sogar die Hosen voll. Dieser war dann lange Zeit nicht mehr mein Freund ...

In den Tagen nach meinem Geburtstag bekam ich ein großes Postpaket von Frau Wargentin, die mich manchmal besuchte; doch unser Kontakt war lange nicht mehr so intensiv wie noch zu Zeiten im Waisenhaus Rosenheim. Sie schrieb mir regelmäßig, ich antwortete ebensooft. Frau Wargentin war mein einziger Lichtblick in diesen einsamen Jahren, meine Hoffnung und mein Halt. Ein großes Briefmarkensammelbuch schickte sie mir. Briefmarken sammeln, das taten viele Jungen. Es wurde auch zu meinem Zeitvertreib in diesen Jahren. Das Sammelbuch war aus echtem Elefantenleder. Bald konnte ich mit meiner Sammlung das komplette Buch füllen, ich war besonders stolz darauf.

Herbst und Winter verstrichen, ich lebte mich ein. Das Heimweh wurde von Monat zu Monat schwächer, bis es schließlich ganz wegblieb.

Im Frühjahr ereignete sich dann ein schlimmer Unfall, unter dessen Folgen ich auch heute noch manchmal leide. Wir hatten auf dem Gelände des Heimes einen großen Spielplatz mit Kletterstangen, Schaukeln, auch einer Schiffschaukel, wie es sie auf den Jahrmärkten heute noch gibt. Ich spielte mit anderen Kindern fangen. Drahtig, wendig, ehrgeizig, wie ich war, mochte ich mich nicht fangen lassen. Der an der Reihe war als Jäger lief auf mich zu. Ich neckte ihn, ging rückwärts vor ihm her. Plötzlich blieb der Junge mit weit aufgerissenen Augen stehen. Er rief mir noch etwas zu. Ein fürchterlicher Schlag am Kopf, dann war es schwarz um mich.

Die Schiffschaukel, in der zwei Jungen ausgelassen schaukelten, hatte mich in vollem Schwung am Kopf getroffen. Ich flog von der Wucht der Schaukel einige Meter durch die Luft und blieb bewusstlos am Boden liegen. Als ich zu mir kam, regnete es heftig, ich lag in einer Regenpfütze, war voller Blut, die anderen Kinder waren nicht mehr da. Unvorstellbare Kopfschmerzen hämmerten in meinem Schädel. Ich sah alles doppelt, auch dreifach, versuchte mich immer wieder aufzurichten, ohne Erfolg.

Irgendwann erwachte ich im großen Schafsaal, ein Tuch war um meinen Kopf gewickelt, nass und kalt. Ich war allein. Blut tropfte aus meiner Nase auf die weiße Bettdecke. Wochen danach war es mir immer wieder übel. Damals wurde kein Arzt herbeigeholt. Ich kann mich jedenfalls nicht daran erinnern, dass ich in jenen Tagen einen zu Gesicht bekommen hätte.

Bis ich wieder normal essen konnte, ohne mich übergeben zu müssen, das dauerte recht lange.

## Von Heim zu Heim

Zu dieser Zeit wurde ich von Marktl nach Traunstein in ein anderes Heim verlegt.

Warum, das weiß ich nicht zu sagen. Der Abschied von meinen Kameraden fiel mir schwer. Die Fahrt nach Traunstein verlief schweigend; ohne zu wissen, wohin die Reise ging, fügte ich mich beinahe apathisch in mein Schicksal. Die beiden Männer, die mich holten, sprachen kein Wort mit mir. Es regnete, monoton kratzten die Scheibenwischer, ich schloss meine Augen und wünschte mich weit weg.

Der erste Tag im neuen Heim war hart und einsam. Ich war etwa elf Jahre alt. Die Jugendlichen, alle im Alter zwischen zwölf und vierzehn, waren sehr grob. Als mir mein Zimmer zugewiesen wurde, das ich mit drei anderen Jungen teilte, schlug mir einer von ihnen mit der Faust ins Gesicht, weil ich meine Tasche auf sein Bett gestellt hatte. »Wenn du zur Leitung gehst, kriegst noch mal so viel in die Fresse, haben wir uns verstanden, Spasti?« Das waren die Worte dieses Jungen, der, wie sich später herausstellte, überhaupt sehr brutal war und nicht nur mich terrorisierte. Unser Taschengeld mussten wir alle bei ihm abliefern, etwa drei Mark die Woche, alles, was jeder von uns bekam. Die Leitung erfuhr davon nichts. Eines Tages kam ich ins Zimmer, und sah, wie sich dieser Junge an meinem Briefmarkenalbum zu schaffen machte, er hatte es beinahe leer geräumt. Ich forderte verzweifelt meine Briefmarken zurück, er schlug mich ins Gesicht.

Mich überkam fürchterliche Wut, und wie zwei wilde Tiere begannen wir zu raufen. Zum ersten Mal in meinem Leben war ich von diesem Kerl mit der Faust so brutal und unvermittelt mit so viel Zorn ins Gesicht geschlagen worden, wie ich es noch nie erlebt hatte. Mir wurde in Bruchteilen von Sekunden bewusst, dass dies keine normale Rauferei zwischen Buben mehr war, die sich mal in den Schwitzkasten nahmen Nein, das war brutaler Ernst.

Dieser Junge war viel kräftiger, älter und auch größer als ich. Ich darf jetzt nicht nachgeben, waren meine Gedanken. Instinktiv fühlte ich, würde ich jetzt nachgeben, schlägt er mich, bis ich liegen bleibe. Wir kämpften immer härter. Ich hatte Angst, wie ich sie noch nie zuvor hatte. Immer wieder trafen mich harte Faustschläge ins Gesicht, meine Augen schwollen zu und die Nase blutete. In meiner Verzweiflung packte ich einen Stuhl und schlug auf ihn ein. Er fiel zu Boden, ich war rasend vor Wut, der Stuhl zerbrach. Ich hatte nur mehr die Stuhlbeine in Händen. Der Junge wimmerte: »Hör auf, hör auf!!!«

Die Heimleitung stürzte zur Tür herein. Von diesem Tag an galt ich als äußerst gewalttätig, was in meinen Akten vermerkt wurde. Dieser Junge, mit dem ich mich geprügelt hatte, war, aus welchen Gründen auch immer, der Liebling der Heimleitung. So wurde ich über Monate von ihm und seinen Kumpanen traktiert, ohne mich zur Wehr setzen zu können.

Weil man mir aufgrund des Vorfalles mit dem Stuhl androhte, dass ich bei der geringsten Wiederholung, in eine geschlossene Anstalt käme, hatte ich große Angst. Von Glonn war die Rede. Nur Schlechtes erzählte man sich von dort.

Es gab Buben, die hatten Brüder, die in Glonn untergebracht waren, und von ihnen kamen so manche Informationen. Erzählungen von Übergriffen, brutalen Prügelstrafen der Pfleger. Irgendwann war das Maß voll, der Leidensdruck zu groß, unter dem ich immer wieder stand. Es kam erneut zu einem erbitterten Kampf – ich gegen vier aus der Gruppe.

Dabei habe ich fürchterliche Dresche einstecken müssen. Aber ich habe auch ausgeteilt. Ich war hart geworden im Nehmen. Mit zwei blauen Augen, dick geschwollenen, geplatzten Lippen, stark blutend, blieb ich zurück im Zimmer.

Ich hatte Glück, genau an jenem Tag kam Vater zu Besuch. Er sah mich so zugerichtet, worauf ein lautstarker Streit mit der Heimleitung entbrannte. Das Ergebnis war, dass mich Vater nach Hause mitnahm.

Schweigend saß ich im Auto mit zugeschwollenen Augen. Es war mir gar nicht wohl. »Was wird Mutter sagen?«, fragte ich Vater. »Das werden wir sehen, wenn wir zu Hause sind«, antwortete er. Dann waren wir still, bis wir dort ankamen.

## Die Stiefmutter und das Messer

Die Begrüßung der Stiefmutter war zurückhaltend, eigentlich abweisend. Sie richtete etwas zum Abendbrot, das wir schweigend verzehrten in einer Stille, in der man das Ticken der Küchenuhr hören konnte, unterbrochen vom Donnern der Züge, das den Küchenboden vibrieren und die Gläser im Schrank klirren ließ. Wir wohnten im Bahnhofsgebäude so nahe an den Gleisen, dass es mir vorkam, als führen die Züge geradewegs durch die Wohnung. In dieser Nacht, ich lag bereits im Bett, hörte ich einen heftigen Streit zwischen Vater und Mutter.

Mutter: »Der bleibt mir nicht im Haus, sonst bin ich weg.«

Vater: »Das werden wir ja sehen, wer hier das letzte Wort hat.«

Mein Gesicht schmerzte, mehr noch aber meine Seele. Während Vater mit Mutter stritt, donnerte immer wieder ein Zug vorbei. Bei einem besonders langen Güterzug, dem monotonen Schlagen seiner Eisenräder, fiel ich in den Schlaf.

Die Tage gingen dahin. Die Stiefmutter und ich, wir verstanden uns überhaupt nicht, trotz beiderseitiger Bemühungen.

Ich ging in Zorneding zur Schule. Mit dem Lehrstoff hatte ich große Schwierigkeiten. Ich wuchs schnell, war dürr, hatte eine schlaksige Knabenfigur. Stets war ich hungrig, um jede Mahlzeit, die ich außer der Reihe haben wollte, musste ich bitten. Immer wieder gab es Diskussionen, wenn ich hungrig von der Schule nach Hause kam und etwas zu essen wollte.

An einem dieser Tage, so erinnere ich mich, saß ich am Frühstückstisch. Die Stiefmutter kratzte mir mit dem Messer die Butter wieder vom Brot, die ich mir darauf gestrichen hatte.

Dabei sagte sie: »Wir haben keinen Geldscheißer.«

Schweigend biss ich in das Brot, nahm die Tasse Kaffee, um zu trinken, aber er war kalt. Ich sagte das zur Mutter, als Antwort schüttete sie mir ihren heißen Kaffee ins Gesicht. »Ist der heiß genug?«, rief sie. Vielerlei derartige Ereignisse führten zu unerträglichen Spannungen. Ich konnte kaum noch essen und trinken, lag nachts mit unvorstellbaren Magenkrämpfen im Bett.

Ich weiß heute nicht mehr, wo einzelne meiner Geschwister zu jener Zeit waren; außer dem Säugling Marion war nur meine Schwester Inge zu Hause. Ich teilte mit ihr ein Zimmer.

Wenn ich wieder mal Prügel bezogen hatte, vor Zorn schweigend im Bett lag, wohin ich ohne Abendbrot geschickt wurde, schlüpfte meine Schwester zu mir ins Bett und tröstete mich. Wir hielten uns in den Armen, so schlief ich trotz knurrenden Magens ein.

Meine Stiefmutter, das wurde mir Jahre später gesagt, war vollkommen überfordert damals, nur deshalb war sie so streng. Ich sehnte mich nach Wärme und freundlichen Worten. Davon bekam ich in diesen Jahren aber nichts zu spüren. Weder von Vater noch von Mutter. Nur Inge gab mir das Gefühl von Zärtlichkeit und Liebe, meist mit Blicken, wenn sie dabei stand, während ich geschlagen wurde. Die letzte Umarmung von Vater lag Jahre zurück, damals zu Hause in Haidholzen. Ich saß auf seinem Schoß, er drückte mich an sich und sagte:

»Mein kleiner Scheißerle, bist ja mein Bub, gell!«

Ich umhalste ihn ganz fest, küsste ihn. Seine Bartstoppeln rieben meine Wangen rot, so fest habe ich zugedrückt. Da war ich vielleicht drei Jahre alt, kurz bevor ich in das Waisenhaus kam.

Damals, in dieser Zeit am Kiosk, zog mir Vater mein Hemdchen aus und zeigte den Leuten stolz meine Narbe am Bauch, die vom Schambein bis zum Solarplexus reicht. Kurz nach meiner Geburt war ich wegen eines Magen-Darm-Verschlusses operiert worden. Mein Vater erzählte oft davon.

Während er in der nahe gelegenen Kiesgrube Bagger fuhr und Mutter sich mit Männern vergnügte, lag ich sterbend zu Hause. Jahre später erzählte mir Frau Wargentin von diesem Ereignis.

Ich liebte Vater, doch häuften sich immer wieder Geschehnisse, dich mich immer mehr Angst vor ihm haben ließen. Einmal in dieser Zeit am Kiosk gab er mir angetrunken eine Bohne, weich, gekocht und kalt war sie. Ich biss hinein, und innerhalb weniger Sekunden schwoll mein Hals zu, mein Kopf wurde heiß und dick. Ich lag nach Luft ringend am Boden. Es dauerte eine Weile, bis meinem Vater und seinen Arbeitskollegen die Dramatik meiner Lage klar wurde. Es war eine grüne Peperoni, die mir mein Vater gegeben hatte.

Es kamen Tage, an denen ich mich zu Tode fürchtete, wenn er angetrunken nach Hause kam. Die Stiefmutter berichtete ihm von meinen Missetaten, dann stapfte er bedrohlich laut ins Kinderzimmer, das innerhalb von Sekunden nach Rauch und Alkohol stank. Ich spürte, wie er schwankend über meinem Bett stand. Ich tat, als schliefe ich, hielt den Atem an, wäre beinahe daran erstickt. Da donnerten seine dicken, festen Arbeiterhände auf mich hernieder, dass ich glaubte, ich müsste sterben. So hart schlug er zu. Später wurde es immer extremer. Da sauste sein Ledergürtel kreuz und quer auf mich herab.

Einmal kippte ich zitternd an den Oberschenkeln von einem Holzscheit, auf dessen Kante ich mich oft mit nackten Beinen knien musste – später irgendwann auch auf ein Kartoffelreibeisen, so lange, bis ich halb bewusstlos vor Schmerzen zusammensackte. Das habe ich ihm nie verziehen. Ich wurde extrem handscheu, zuckte zusammen, wenn er seinen Kamm aus der Hosentasche holte, hatte Erstickungsanfälle, wenn er sich den Hosengürtel einzog. Ich begann ihn und Stiefmutter zu hassen.

Frau Wargentin erzählte mir oft, was für ein toller Mensch mein Vater sei, vor allem aber meine Stiefmutter, weil sie meinen Vater trotz vieler Kinder geehelicht hatte.

Vater und auch die Stiefmutter konnten ja sooo lieb sein, wenn Frau Wargentin da war zu Kaffee und Kuchen. Ich durfte dann tatsächlich auch mal zwei Kuchenstücke essen. Allein mit Stiefmutter zu Hause – da gab es nichts für mich.

Beim zweiten Stück Kuchen, das ich mir gierig in den Mund schob, schaute ich frech und provozierend zur Mutter, mit lieben, treuherzigen Augen zurück zu Frau Wargentin, die mir über den Kopf streichelte. Von Mutter trafen mich vernichtende Blicke. Doch dies war es mir wert, wenngleich ich dafür nach der Verabschiedung von Frau Wargentin von Stiefmutter noch im Hausflur die Rückhand im Gesicht hatte, dass mir die Nase blutete. Vater war bei diesen Besuchen von Frau Wargentin meist still, nur wenn das Gespräch auf meine leibliche Mutter kam, regte er sich fürchterlich auf. Richtig cholerisch wurde er.

Stiefmutters Pralinen- und Schokoladenfresssucht ekelte mich an. In nur wenigen Jahren ging sie auseinander wie ein Hefeteig. Ich hingegen wurde immer wieder mit knurrendem Magen zu Bett geschickt. Bei jedem Wind und Wetter vermied ich es, nach Hause zu gehen – wegen der quälenden Auseinandersetzungen. Ich blieb, so lange wie es mir erlaubt war, draußen auf der Straße, spielte mit Schulkameraden auf der Wiese oder im Wald.

Vater schenkte mir zum Geburtstag einen Bastelkoffer mit Laubsäge und Stemmeisen. Ich fertigte ein Holzregal, auf das ich besonders stolz war. Vater erlaubte mir, das Regal im Kinderzimmer an die Wand zu nageln, das ich mit Inge teilte. Stiefmutter war nicht da. Sie war damals, wie viele Male nach einem heftigen Streit mit Vater, zu ihren Eltern gefahren. Das waren die schönsten und ruhigsten Wochen in meinen Knabenjahren. Meine älteste Schwester Karin, damals vierzehn Jahre, war meine Ersatzmutter. Sie lebte in dieser Zeit eigentlich schon nicht mehr zu Hause, sondern wohnte im selben Ort bei einer Familie, mit deren Sohn sie eine Liebschaft hatte.

Karin kochte, wusch unsere Wäsche und sorgte für uns, besser als die Stiefmutter. Ich durfte mich in der Wohnung frei bewegen, konnte baden, wann ich wollte, essen, wenn ich hungrig war. Am Abend saßen wir, Inge, Karin und ich, gemeinsam auf dem Wohnzimmersofa und sahen uns Filme im Fernsehen an. Vater war selten zu Hause. Er hatte oft Schichtdienst bei der

Deutschen Bundesbahn, kurbelte die Schranken auf und zu im nächsten Ort: Baldham oder Vaterstetten. Es herrschte Frieden im Haus. Nach Wochen kam es zum ultimativen Countdown zwischen der mittlerweile zurückgekehrten Stiefmutter und mir.

Ich kam aus der Schule und hörte schon im Hausflur Geschrei, das aus unserer Wohnung drang.

Die Stimme von Stiefmutter.

Ich bekam Krämpfe im Magen, Herzklopfen, mir wurde heiß, dann kalt.

Ich öffnete die Wohnungstür, stand im Flur, das Geschrei kam aus der Küche. Ich holte Luft und öffnete die Tür. Stiefmutter stand brüllend vor meiner Schwester Karin. Die Wäsche, die sie gebügelt hatte, lag verstreut auf dem Küchenboden. Karin schluchzte, Stiefmutter keifte und warf ein Wäschestück nach dem anderen vom Bügelbrett auf den Boden. Ich wurde nicht bemerkt, schloss die Küchentüre wieder und ging in mein Zimmer. Inge lag schluchzend auf ihrem Bett, ihre Kleider lagen im Zimmer verstreut. Mir stockte der Atem, das Holzregal, das ich gebastelt hatte, lag zerbrochen auf dem Boden, die Bücher waren überall verstreut.

Ich ging zurück in die Küche. Wie eine Furie schlug Stiefmutter auf meine Schwester Karin ein. Unvorstellbare Wut packte mich in diesem Augenblick. Ich stellte mich schützend vor Karin, schubste die Stiefmutter weg, woraufhin ich fürchterliche Hiebe von ihr bezog. Am Boden liegend und mit den Füßen tretend, suchte ich den harten Schlägen meiner gewichtigen Stiefmutter etwas entgegenzusetzen. Karin hatte einen Nervenzusammenbruch, sie lag schreiend am Boden, während Mutter weiter auf mich eindrosch. Ich suchte mein Gesicht zu schützen, ohne großen Erfolg, ich dachte, jetzt schlägt sie mich tot. Ich stand auf, stolperte, stürzte wieder zu Boden, dabei riss ich die Besteckschublade aus dem Küchenschrank. Meine Schwester schrie weiter wie am Spieß.

Plötzlich hatte ich ein Küchenmesser in der Hand. Mutter ließ jäh von mir ab – mit weit geöffneten Augen und in entsetzlicher Panik. Ich rappelte mich auf. Das Messer in meiner Hand, zitternd, mit dem Ausdruck fürchterlicher Wut im Gesicht rief ich: »Wenn du Karin oder irgendeines von uns Kindern noch einmal so schlägst, dann steche ich dich ab.«

Ich schrie sie an, wieder und wieder, so laut, dass sich meine Stimme überschlug: »... dann stech ich dich ab!«

Für Sekunden war Totenstille eingekehrt.

Nur das leise Wimmern meiner Schwester, die immer noch am Boden lag, durchbrach diese Stille.

Einen kurzen Augenblick lang flüchtete ich in ihre Arme, dann rannte ich davon, verbrachte die Nacht draußen in einem Heustadel. Ich war fürchterlich durcheinander und wusste weder aus noch ein.

Am frühen Morgen ging ich ängstlich zurück nach Hause. Zögernd stieg ich die knarrende Holztreppe hoch und bekreuzigte mich mehrfach. Ich wusste nicht, ob Vater zu Hause war. An der Wohnungstüre angelangt, blieb ich für Momente stehen und hatte Todesangst. Ich nahm all meinen Mut zusammen, biss die Zähne aufeinander und öffnete die Wohnungstür. Ich betrat den dunklen Flur.

Die Zimmertüren waren geschlossen. Mein Herz pochte bis zum Hals. Dies sind die letzten Momente meines Lebens, waren meine Gedanken.

Ich ging den langen, dunklen Flur entlang, auf das elterliche Schlafzimmer zu, das ich durchqueren musste, um in unser Kinderzimmer zu gelangen. Sekundenlang blieb ich zögernd vor der geschlossenen Schlafzimmertüre stehen, holte tief Luft, öffnete mutig mit einem Schwung die Türe. Dabei dachte ich wieder – okay, das war's, jetzt schlägt der Blitz ein. Vater lag schnarchend im Bett, ich hielt den Atem an, bewegte mich ganz vorsichtig in Richtung Kinderzimmer.

Der Holzboden knarrte. Ich zählte jeden einzelnen Schritt, bis ich die Türe erreichte. Immer wieder blieb ich wie versteinert stehen, wenn Vater sich unruhig schnaufend und schmatzend im Bett wälzte. Hastig zog ich mir saubere Kleider an und schlich davon, wie ich gekommen war – auf direktem Weg zur Schule.

Irgendwann in den Vormittagsstunden klopfte jemand an die Klassenzimmertüre. Der Lehrer ging hinaus, kam kurze Zeit später zurück, rief mich zu sich. Gemeinsam gingen wir vor die Tür.

Nur mit Mühe schaffte ich es, auf den Beinen zu bleiben, solch einen Schock hatte ich beim Anblick der vier Polizisten, eines Arztes im weißen Kittel und einer weiteren Person, die, wie sich herausstellte, eine Frau von der Sozialfürsorge war.

Ich wurde aufgefordert, meine Sachen zu holen, Jacke und Schultasche. Schweigend ging ich mit. Man legte mir Handschellen auf dem Rücken an, mit elf Jahren wurde ich so über den Schulhof geführt.

Kein Wort wurde gesprochen, ich fragte nicht warum, weshalb, wohin. Außer einem dicken Kloß im Hals hatte ich keinerlei Empfindungen. Wenig später lag ich auf einer Liege in einem Behandlungszimmer des psychiatrischen Krankenhauses Haar bei München. Ich wurde mit nasser Watte am Kopf betupft, bekam ein Gumminetz übergezogen, das am Kinn zugeschnürt wurde, schmerzte und zwickte. Dies geschah schweigend. Die Frau, die all das mit mir anstellte, war sehr grob. Alles, was ich hörte, war das Surren und Knattern einer großen Maschine. Dabei wiederholte diese Frau monoton: »Augen zu, Augen auf, Augen zu, Augen auf!« Ich folgte brav eine Weile dieser Tortur, dachte an meine Schwester und begann fürchterlich zu schluchzen. Diese Frau schlug mir daraufhin ins Gesicht.

Sie sagte: »Das hättest du dir vorher überlegen müssen, jetzt halt still, sonst muss ich von vorne beginnen. Augen zu, Augen auf!« So ging es weiter.

## Psychiatrische Klinik, München-Haar

Stunden später war ich im Kinderhaus auf dem Gelände der psychiatrischen Klinik Haar, umgeben von epileptischen, spastischen sowie körperlich stark behinderten Kindern. Schweigend, mit einem Gefühl unbeschreiblicher Leere, apathisch und ohne Regung saß ich, von all diesen Kindern umgeben, in einem großen kalten, kahlen Zimmer. Manche Kinder hatten eine Art Helm am Kopf, einem Netz aus Leder gleichend, waren in enge Jacken geschnürt, sodass sie ihre Arme nicht bewegen konnten. So saßen sie auf Holzbänken entlang den Wänden. Viele wippten monoton mit ihren Körpern vor und zurück, summten vor sich hin oder ließen sich in gleich bleibenden Rhythmen gegen die Wand fallen.

Buben reihten sich um mich, grinsten mich an, auf eine Art, die mich ängstigte. Ein Junge fiel zu Boden, krampfte am ganzen Körper, verdrehte die Augen mit verzerrtem Gesicht. Ein Pfleger stürzte herbei und versuchte den Jungen festzuhalten, der sich daraufhin in der Hand des Pflegers verbiss.

Er schlug den Jungen, bis dieser Blut spuckte, mit schäumendem Mund, verkrampftem Körper liegen blieb und schließlich ins Koma fiel.

In tiefer Einsamkeit verstrichen die Wochen für mich. Einsamkeit, wie ich sie in meinem Leben noch nie erfahren hatte, Einsamkeit in einer psychiatrischen Klinik, nur weil ich mich gegen die Ungerechtigkeiten gewehrt hatte.

46

Jeden Morgen mussten wir uns aufgereiht anstellen, um beim Pfleger unsere Medikamente einzunehmen. Hände auf den Rücken, Zunge raus – wie die heilige Hostie bekamen wir das Medikament auf die Zunge gelegt. »Mund zu, schlucken, Mund auf, Zunge raus, brav«, sagte der Pfleger. Der Nächste. Wir bekamen das Medikament Haloperidol, ein Neuroleptikum mit extremen Nebenwirkungen, die sich bei mir besonders stark bemerkbar machten: trockener Mund, Appetitlosigkeit und ständige Müdigkeit.

Am schlimmsten für mich war jedoch die totale Kontaktsperre zur Außenwelt, die, wie mir später der Arzt sagte, zu meinem eigenen Besten sei. In dieser Zeit erhielt ich weder Post noch Besuche oder Anrufe. Nach Wochen täglichen Dahindösens durfte ich in geschlossener Kindergruppe die geländeeigene Sonderschule besuchen. Das Klassenzimmer beherbergte etwa dreißig Kinder, die teils jünger, aber auch älter waren als ich.

Ich erinnere mich noch sehr genau an unseren Lehrer, der uns überwiegend in Geschichte unterrichtete.

Dieser Lehrer hatte schmale Lippen, war in einen weißen Kittel gehüllt, unter dem er einen Anzug trug, sein Hals war mit einer Krawatte so eng zugeschnürt, dass ich dachte: »Mein Gott der kriegt ja gar keine Luft mehr.« Besonders eine Geschichtsstunde ist mir noch in wacher Erinnerung.

Den ganzen Vormittag erzählte er uns, er habe für den deutschen Geheimdienst während des Krieges gearbeitet, die Geschichten über Dachau, Auschwitz, Birkenau und so weiter seien Erfindungen der Alliierten gewesen. Die Judenverfolgung sei eine einzige Lüge. Nie hätte es sechs Millionen Juden gegeben. Nicht in ganz Europa. Die es in Deutschland gäbe, die hätten alle in das Land ihrer Wahl ausreisen dürfen. Deutschland werde heute von reaktionären Kommunisten regiert, der Tag komme, wo alles wieder gut würde, und dafür werde er seinen Beitrag leisten.

Die vierte bis sechste Schulklasse waren zusammengefasst. Stur wurde jedes Jahr der Stoff einer Klasse durchgepaukt. Ich hatte das Pech, dass ich damals den Stoff der sechsten Klasse hörte, aber erst die vierte erreicht hatte. Also entstand bei mir ein großes schulisches Defizit. Mein Interesse schwand mit jedem Tag. Ich verstand nur wenig von Algebra, Physik, Chemie und anderen Dingen.

Monate waren verstrichen, das Medikament Haloperidol wurde wieder abgesetzt. Ich hatte danach aber fürchterliche Depressionen, dass ich flehentlich beim Arzt darum bat, es wieder zu erhalten, und bekam es in geringerer Dosis wieder. Monate später, ich war ein braver Patient geworden, brauchte ich keine Medikamente mehr zu schlucken und durfte alleine zur Schule.

Irgendwann in diesen Tagen auf dem Weg zurück in das geschlossene Kinderhaus spazierte ich am geländeeigenen Theater vorbei. Mädchen und Jungen standen und saßen vor der Eingangstüre zum Theater. Die Mädchen mit Silberschmuck behangen, in spiegelbestickten Westen. Die Jungs hatten lange Haare, bei manchem zum Zopf geflochten. Es war das Jahr 1970 oder 1971. Ich wusste nicht, dass sie drogensüchtige Patienten des Bezirkskrankenhauses Haar waren. Ich freundete mich mit der Gruppe an, verbrachte immer wieder Zeit nach der Schule dort am Theater. So geschah es, dass ich mich in eines der Mädchen verliebte. Diese Gruppe probte das Stück »Dr. Mabuse«. Natürlich hatte ich von diesem Stück keine Ahnung. Sooft es mir möglich war, versuchte ich, bei dieser Theatergruppe zu sein. Manchmal wurde eine riesig große Zigarette herumgereicht. Das Mädchen, in das ich mich verliebt hatte, rauchte auch. Sie hatte sehr viel Ähnlichkeit mit Janis Joplin, wie ich später anhand eines Posters feststellte.

Weil dieses Mädchen immer wieder an der Zigarette zog, streckte auch ich meine Hand danach aus. Einer der Jungen funkte aber dazwischen, er nahm mir die Zigarette wieder aus der Hand. Enttäuscht schaute ich das Mädchen an. »Heute ist mein Geburtstag«, sagte ich erwartungsvoll. Sie umarmte mich und drückte mich für einen Moment, gab mir einen Kuss und sagte: »Happy birthday!« Das war mein schönstes Erlebnis, an das ich mich aus dieser Zeit erinnere.

Ich hatte keine Ahnung, was das hieß, Happy birthday. Ich sagte mit rotem Kopf und klopfendem Herzen danke, küsste sie ungestüm auf ihren Mund. Ich war höllisch aufgeregt, glaubte, dass man meinen Herzschlag durch dieses alte, muffige Theater von der Bühne bis in die letzte Reihe hören konnte. Dort saßen verstreut viele dieser Hippies, während vorne auf der Bühne geprobt wurde. Nach diesem Kuss haben alle im Saal und auf der Bühne applaudiert und »Bravo, Bravo« gerufen. Ich strahlte über das ganze Gesicht, trotzdem war es mir peinlich. Verlegen ging ich von der Bühne, setzte mich in die erste Reihe, dort reichte mir einer der Jungen eine Zigarette. In meiner Verlegenheit und im Rausch dieses Kusses zog ich mehrere Male an der Zigarette. Kurz danach dachte ich, ich müsste sterben, so speiübel war mir geworden.

Kotzend stand ich vor dem Theater. Das Mädchen hielt meinen Kopf, während ich mich übergab. Ein heftiger Streit entbrannte zwischen diesen jungen Leuten.

»Warum musstet ihr ihm was geben, verdammte Scheiße!«, brüllte einer von der Bühne nach draußen, wo ich mich in den Armen des Mädchens befand. In ziemlicher Eile waren dann alle verschwunden. Einige kamen zu mir, wuschelten mir durchs Haar, »Wird schon wieder, Kopf hoch!« und Ähnliches sagten sie. Dann gingen sie über das Gelände und verschwanden. Nur das Mädchen blieb, hielt meinen Kopf auf ihrem Schoß und streichelte mich beruhigend.

Immer wieder überkamen mich Panikattacken und Herzrasen. Beharrlich streichelte mir das Mädchen diese Ängste fort, irgendwann schlief ich ein. Als ich erwachte, war es dunkel, und ich war alleine. Zurück im Kinderhaus bekam ich von unserem Pfleger Prügel, dass ich glaubte, meine letzte Stunde hätte geschlagen.

Von meiner Familie hörte ich nichts. Keine Besuche, keine Post. Nach langen, einsamen Monaten bekam ich Besuch von einer Frau Wiederer. Meine Schwester Karin hatte sich mit etwa fünfzehn Jahren in deren ältesten Sohn verliebt. Sie hatte zwei Söhne.

Karin wohnte zeitweise bei dieser Familie Wiederer. Diese waren im Haushalt des Dirigenten Karl Böhm angestellt. Frau Wiederer kümmerte sich um den Haushalt, Herr Wiederer war Taxifahrer und bei Bedarf Privatchauffeur von Karl Böhm.

Frau Wiederer besuchte mich, sie stellte Kontakt und eine Vertrauensbasis zum Arzt des Kinderhauses her und erreichte, dass ich alle vierzehn Tage an Sonntagen zu ihrer Familie nach Hause kommen durfte.

Dort traf ich meist auch meine älteste Schwester Karin. Ich erinnere mich, dass unser erstes Treffen nach langer Zeit der Trennung sehr emotional war und viele Tränen geflossen sind. Ich erfuhr, dass Briefe, die sie mir schickte, ungeöffnet an sie zurückgingen. Dass man ihr am Telefon keine Auskunft erteilte, wenn sie nach meinem Befinden fragte. Auch erklärte man ihr, dass ich keine Besuche erhalten dürfte.

Ich habe lange darüber nachgedacht, ob ich von dieser Zeit mit Familie Wiederer und den Begebenheiten berichten soll, da die Erinnerungen daran mit zu den schmerzlichsten für mich zählen. Ich hatte sie eigentlich verdrängt und aus meinem Gedächtnis gestrichen.

## Der Fahrraddieb

Nach über einem Jahr in Haar bekam ich erstmals Besuch von Frau Wiederer. Ich klammerte mich verzweifelt an diesen Kontakt, an diese Frau. Mein Leben in Haar, in diesem Kinderhaus, wurde nur deshalb erträglich, weil ich die Sonntage herbeisehnte, ja, jeden einzelnen Tag abstrich, jede Stunde zählte, bis die vierzehn Tage vorüber waren und Frau Wiederer kam, um mich abzuholen.

Ich weiß noch, wie ich mit Herzklopfen, ungeheuerer innerer Unruhe im großen Aufenthaltsraum an Samstagen auf und ab ging. Mit glänzenden Knabenaugen blickte ich durch die Gitterstäbe, während ich in hoffnungsvoller Erwartung Frau Wiederer herbeisehnte, die mich abholen kommen würde. Ich betete dabei zu Gott, dass sie um Himmels Willen nicht verhindert sein möge, was ab und zu vorkam. Doch davon erfuhr ich dann erst, wenn der Abend hereinbrach und ich den ganzen Samstag oder Sonntag vergebens vor dem vergitterten Fenster verbracht hatte.

Manchmal, wenn ich Glück hatte, rief mich ein Pfleger in diesen Stunden und befreite mich von meinen Leiden. Wenn er meinen Namen laut rief, wie beim Militär, fühlte ich mich, als schlüge mir eine Faust in den Magen, so sehr, dass ich atemlos und mit kaltem Schweiß auf der Stirn ohnmächtig zu werden drohte. Da wusste ich dann, dass es dieses Mal nichts mehr würde mit dem Besuch.

Von den schmerzhaften Stunden des Wartens war meine Seele hart geworden. Vor allem aber von den Sonntagen, wenn ich wieder zurück musste nach Haar. Schweigend saß ich dann im Auto mit einem dicken Kloß im Hals, der mit jedem Meter, den wir uns dieser Anstalt näherten, größer wurde.

Nach langem nasskalten und einsamen Winter in diesem Kinderhaus, das im Inneren mehr Seelenkälte verbreitete, als die winterliche Landschaft rund um das Haus, kam endlich der lang ersehnte Frühling. Die Tür des großen Aufenthaltsraumes, die hinausführte in den umzäunten Hof, blieb jetzt am Tage offen, sodass der Gestank nach Urin aus dem angrenzenden Schlafsaal nicht mehr so stechend war – vom Urin mancher Kinder, die nachts mit Lederriemen an Beinen und Körper an die Betten fixiert waren. Diese Kinder lagen meist nackt auf Gummimatten, koteten und urinierten in ihre Betten. Ein bestialisch beißender Gestank durchzog diesen Schlafsaal.

Der Frühling verstrich, der Sommer war heiß, wieder war es Herbst geworden. Ich war allein im Hause der Wiederers, da sie bei Böhms arbeiten mussten. Es war der zwanzigste Oktober, mein zwölfter Geburtstag. Man hatte mir gratuliert, dann aber wurde ich alleine gelassen. Es war schönes, farbenfrohes, doch kaltes Herbstwetter. Ich stand vor dem Haus im Garten, schaute über den angrenzenden aufgepflügten Acker hinüber zum Wald. Ein leichter Wind strich durch die Baumkronen. Im Garten verloren Bäume ihre Herbstblätter, schaukelnd im Wind tanzten sie zu Boden. Sehnsucht kam in meine Seele – nach Liebe und Geborgenheit. Fernweh drückte auf meinen Magen, Fernweh nach einem Ort, an dem es Liebe und Wärme gab. Ich kannte diesen Ort nicht. Mutter, meine wirkliche Mutter, war plötzlich in meinen Gedanken, Kindheitserinnerungen wie im Nebel. Fragmente. Erinnerungen an Mutter, so sehr, dass mir das Herz stach vor Sehnsucht nach ihr.

Ich nahm ein Fahrrad aus der Garage von einem der beiden Buben der Wiederers und radelte los, die Hauptstraße entlang, geradewegs nach Neuperlach, wo meine Mutter damals wohnte.

Kurz nach meinem Aufbruch begann sich das schlechte Gewissen zu regen in mir. In Gedanken sah ich Vater voller Wut auf meine Mutter schimpfen, umgeben von Frau und Herrn Wiederer und einigen meiner Schwestern, die seine tobende Raserei besänftigen wollten. Der Wind peitschte mir um die Ohren, bremste meine Geschwindigkeit, sodass ich zweifelte, ob ich es schaffen würde bis nach Neuperlach. Es waren vielleicht drei Kilometer Luftlinie. Wegen des heftigen Windes musste ich bald schieben – »oh weh, es wird bis in den Abend dauern, ehe ich vor Mutters Türe stehe.« Ich stemmte mich gegen den Wind, war fest entschlossen, dass weder die Familie Wiederer noch mein Vater von meiner Sehnsucht nach Mutter etwas erfahren sollten. Ich werde Mutter bitten, dass sie mich mit ihrem Auto zurückfährt und irgendwo in der Nähe des Hauses Wiederer absetzt, dachte ich.

Es war etwa drei Uhr am Nachmittag, Wiederers kamen nicht vor sechs Uhr abends zurück. Kindlich naiv waren meine Gedanken. Plötzlich begann es heftig zu regnen, aber ich gab nicht auf, verbissen kämpfte ich gegen Wind und Regen an. Mehrmals fragte ich Passanten nach dem richtigen Weg. Nach einer Stunde, in der ich mich mehrfach verfahren hatte, stand ich endlich vor ihrer Haustüre. Dass Mutter geheiratet hatte, wusste ich, dass sie einen neuen Namen haben müsste, so weit hatte ich aber nicht nachgedacht. Mit steif gefrorenen Händen, nasser Kleidung, tropfenden Haaren stand ich zitternd vor dem Haus.

Die Unruhe in mir wuchs und auch meine Verzweiflung. Die Fahrt hatte doch viel länger gedauert, als ich erwartet hatte. Ich bekam Angst und war den Tränen nahe, aber ich suchte verzweifelt weiter ihren Namen.

Ein Fenster wurde im Hochparterre geöffnet, aufgeschreckt schaute ich hoch – es war meine Mutter, die herunterlachte. Ich weiß nicht mehr, was ich empfand, Glück auf der einen Seite, dass ich sie gefunden hatte, andererseits Angst und ein schlechtes Gewissen gegenüber der Familie Wiederer und meinem Vater. Mutter öffnete die Tür. Wir fielen uns um den Hals, drückten und küssten uns. Sie stellte mir viele Fragen, auf die ich meist keine Antwort wusste.

Sie ließ mir Badewasser ein, steckte mich in die Wanne und wusch mich. Dabei erzählte ich ihr von Haar, von Familie Wiederer. Dass ich gar nicht bei ihr sein dürfte, es müsse unser Geheimnis bleiben, bat ich sie. Ich fragte sie, ob sie mich möglichst bald mit meinem Fahrrad zurückbringen könnte, zu Familie Wiederer. »Selbstverständlich werde ich das tun, und jetzt beruhige dich«, sagte sie. Ich schloss meine Augen, genoss es, bei Mutter zu sein. Etwas später saß ich im Wohnzimmer, sie ging in die Küche, um etwas zu essen zu holen, obgleich ich sagte, dass ich keinen Hunger hätte. Ich war viel zu aufgeregt, um etwas essen zu können. Sie kochte Kaffee und bereitete ein paar Kleinigkeiten zum Essen.

Sie bat mich, ihr in der Zwischenzeit Zigaretten zu holen vom nahe gelegenen Automaten. Ich tat das gerne für sie. Als ich zurückkam, erklärte mir Mutter, sie habe bei Familie Wiederer angerufen, ihnen gesagt, dass ich bei ihr wäre, und darum gebeten, dass ich bei ihr übernachten dürfe. Aber Frau Wiederer erlaube es nicht und wäre schon auf dem Weg, um mich abzuholen.

Mir blieb das Herz stehen.

Aufgrund von Vaters Erzählungen über seine Erlebnisse mit Mutter war die Familie Wiederer nicht gut zu sprechen auf sie – sehr milde ausgedrückt.

Es dauerte nicht lange, da saß ich schon im Auto von Familie Wiederer. Herr Wiederer war am Steuer, seine Frau saß neben ihm und ich auf der Rückbank. Es wurde kein Wort gesprochen, eine beklemmende Stimmung herrschte.

So wurde ich geradewegs nach Haar ins Kinderhaus zurückgebracht. Dort angelangt, blieb Frau Wiederer im Wagen sitzen, Herr Wiederer stieg aus. Er ging um das Fahrzeug herum, zerrte mich grob aus dem Wagen, führte mich zur Eingangstüre des Kinderhauses und läutete Sturm, bis ein Pfleger öffnete; ohne dass ein Wort mit mir gesprochen wurde, fühlte ich mich wie ein Sack in die Arme des Pflegers geschubst. Herr Wiederer würdigte mich keines Blickes mehr, ging zurück zu seinem Auto und brauste davon. Das war das letzte Mal, dass ich Familie Wiederer sah.

Es vergingen mehrere Monate grenzenloser Einsamkeit und ohne Besuche. Weder Vater noch Mutter noch sonst irgendjemand von Verwandten oder Bekannten kam mich besuchen. Keine Post, keine Telefonate. Das war ein Erlebnis, das mir meine Kinderseele verbrannte wie so manches Vorangegangene. Ich konnte für lange Zeit keine Freude mehr empfinden.

Monate vergingen, da lernte ich auf dem Gelände einen Zivildienstleistenden, einen Pfleger mit Namen Manfred kennen. Es war auf dem Schulweg, kurz vor der Weihnachtszeit.

Manfred fragte mich: »Sag mal, was tust du denn eigentlich hier, du gehörst doch gar nicht hierher. Dir fehlt doch nichts, oder?« Ich erzählte ihm von mir. Bei unserem ersten Treffen führte Manfred einen Jungen an einer Leine spazieren wie einen Hund. Dieser Junge benahm sich sehr merkwürdig, er war nur mit einem weißen Kittel bekleidet, hatte keine Unterwäsche an, sodass sein nackter Po zu sehen war. Seltsame Laute gab er von sich, grunzte und quiekte wie ein Schwein, sprang und tollte wild auf der Wiese umher wie ein spielender Hund. Ich hatte große Angst vor diesem Menschen, Manfred aber überhaupt nicht. Er ist sehr geduldig und liebevoll mit diesem seltsamen Wesen umgegangen.

Manfred und ich, wir freundeten uns an. Ich fasste von Mal zu Mal größeres Vertrauen zu ihm, was mir nicht leicht fiel in dieser Zeit nach all den vorangegangenen Erfahrungen mit Erwachsenen.

Ich erzählte ihm vom Kinderhaus, von der Kälte und Leere, die dort herrschten, von der Angst, die ich meist hatte vor anderen Kindern, vor allem aber erzählte ich ihm von dem fürchterlich brutalen und groben Pfleger.

In diesen Tagen kam es überraschend zu einer Begegnung zwischen diesem Pfleger, Manfred und mir. Manfred sagte ihm gehörig seine Meinung, was ich sehr mutig von ihm fand, weil er dadurch riskierte, gefeuert zu werden, er war ja nur ein »Zivi«. Es hat mir aber sehr gut getan, und ich war ungeheuer stolz auf Manfred. Dieses Ereignis schuf endgültiges Vertrauen und besiegelte unsere Freundschaft.

## Auf der Suche nach der Mutter

In diesen Tagen, es war in den Wintermonaten, saß ich im großen Aufenthaltsraum, war apathisch und abwesend. Um mich herum waren viele Kinder, die schaukelnd ihre Körper vor- und zurückfallen ließen, immer an die Wand mit ihren Rücken. Dabei summten sie vor sich hin in monotonem Singsang, was sich anhörte wie eine stotternde Motorsäge. Die Hausglocke schellte laut und grell. Kurze Zeit nach der Glocke wurde der große Saal, in dem ich mit all den anderen Kindern saß, aufgeschlossen. Ein Pfleger kam auf mich zu und sagte: »Besuch für dich.«

Schweigend, fast apathisch folgte ich ihm zur Tür, die er aufschloss. Klack, klack, klack, mit großen, schweren Schlüsseln am riesigen Schlüsselbund. Draußen auf dem Flur schloss er wieder eine andere Türe auf. Er drehte sich zu mir um und deutete mir mit einer barschen Geste, ich solle eintreten. Hinter mir fiel die Tür ins Schloss.

Vor mir stand Mutter. Sie lachte mich an, breitete ihre Arme aus und sagte: »Mein Bub, mein Bub.«

Ich begann am ganzen Körper zu zittern, bekam einen Weinkrampf, schluchzte nur mehr: »Nimm mich mit, bitte, bitte, nimm mich mit. Wenn du mich hier lässt, werde ich sterben, ich will aber nicht sterben.«

Mutter erklärte mir, dass sie mich nicht mitnehmen könne, sie hätte kein Sorgerecht für mich, sei aber seit Wochen damit beschäftigt, es bei den zuständigen Ämtern zu beantragen.

Es war fürchterlich für mich, dass sie mich nicht mitnehmen konnte, sie war doch schließlich meine Mutter!

Ich bettelte weiter, wollte dies einfach nicht begreifen – aber wie soll ein Kind die Herzlosigkeit von Behörden begreifen? Ob es mein herzzerreißendes Weinen oder meine Erzählungen über die Zustände waren, unter denen ich untergebracht war, oder beides? Jedenfalls sagte sie: »Ich werde draußen auf dich warten.«

Ich hatte ihr erzählt, dass ich, wenn sie gegangen wäre, noch in den Hof hinter dem Haus in den täglichen einstündigen Ausgang gehen dürfte. Der Hof ist zwar eingezäunt, aber irgendwie würde ich es schon schaffen zu flüchten. Meine Hoffnungen waren groß, die Träume von der Freiheit noch größer. Doch nichts hat geklappt, die Tür blieb verschlossen. Ein Junge hatte einen epileptischen Anfall und musste versorgt werden. Mit Verzweiflung ging ich zu Bett, voll Verlangen nach Freiheit und großer Sehnsucht nach der Mutter.

Am kommenden Tag, es war in den Vormittagsstunden, wurde das Mittagessen wie jeden Tag geliefert. Es kam von der zentralen Großküche des psychiatrischen Krankenhausgeländes. Ich nutzte die Gelegenheit sofort, obwohl ich noch im Schlafanzug war und es auch heftig schneite. Ich konnte diese Gelegenheit der offenen Türen auf keinen Fall vorübergehen lassen. So schlich ich mich davon, mit großer Angst, aber mit ebenso großem, entschlossenem Willen, hier weg zu wollen, hinaus ins Freie. Ich kämpfte mich Meter für Meter über das Gelände bis zur Pforte. Seitenstechen hatte ich, meine Lungen brannten als

Folge der kurzen, schnellen Spurts von einem Baum zum nächsten. Unter verschneiten, ausladenden Ästen suchte ich immer wieder Schutz, wenn sich ein Fahrzeug näherte.

Ich hatte Glück, denn es herrschte starkes Schneetreiben, was mir zusätzlich Schutz davor bot, entdeckt zu werden. Dass ich nur Filzpantoffeln trug sowie einen Schlafanzug, darüber machte ich mir weiter keine Gedanken.

Auf abenteuerlichen Wegen gelangte ich zu meiner Mutter. Ich lief durch den Neuperlacher Forst, während es schon dunkel wurde, kam über verschneite Wiesen und Felder. Herzklopfen hatte ich, mein Schlafanzug war klitschnass, ich dampfte wie ein Ross auf dem Acker. Der getaute Schnee tropfte mir von den Haaren ins Gesicht. Meine Hände und Füße schmerzten vor Kälte.

Irgendwann lag ich in der heißen Badewanne in der Wohnung meiner Mutter. Sie wusch mir den Kopf, ich habe es genossen. Es war unbeschreiblich, wie liebevoll Mutter mich gewaschen hat, als wäre ich ein Säugling. Beide lachten und weinten wir im Wechsel unserer Gefühle.

Ich lernte ihre beiden Kinder aus zweiter Ehe kennen, die bei meinem ersten Besuch bei den Großeltern gewesen waren. Sie waren bereits in ihren Betten, aber Mutter weckte sie. Die beiden Mädchen, etwa drei und fünf Jahre alt, standen im Badezimmer vor meiner Badewanne und bestaunten mich schüchtern. Ich mochte nicht mehr aus der Wanne steigen, wollte bis in alle Ewigkeit von meiner Mutter gewaschen und gestreichelt werden. Ulrike, die Ältere von beiden, fragte mich, ob ich hungrig sei. Ich nickte. Die Kleine half Mutter, mich zu waschen, die Größere ging in die Küche, wie Mutter es ihr aufgetragen hatte, und brachte mir ein Wurstbrot. Ich wollte es essen, konnte aber nicht, weil ich immer wieder von Weinkrämpfen geschüttelt wurde.

In dieser ersten Nacht durfte ich bei meiner Mutter im großen Ehebett schlafen. Sie nahm mich in ihre Arme, und ich wollte einschlafen, einschlafen für immer. Endlich war ich zu Hause. Ich fiel in einen langen, tiefen Schlaf.

Als ich erwachte, hörte ich meine Mutter im Wohnzimmer sprechen. Ich stand auf und ging zu ihr. Das Wohnzimmer war von dicken Nikotinschwaden eingenebelt. Auf dem Wohnzimmertisch stand ein Aschenbecher, randvoll mit Zigarettenkippen. Mutter gab mir ein Zeichen, ich sollte still sein, mich setzen; sie hielt die Sprechmuschel zu und sagte: »Ich telefoniere seit Stunden wegen dir mit allerlei Ämtern. Jetzt habe ich endlich die zuständige Frau der Sozialfürsorge am Telefon.« Weiter sagte sie mir noch einmal, dass sie das Sorgerecht für mich schon seit einigen Monaten beantragt hätte. Nun wäre sie damit beschäftigt herauszufinden, wie entschieden worden sei in meiner Sache.

Ich wurde daraufhin sehr nervös und aufgeregt, begann am ganzen Leib zu zittern, denn ich wollte unter keinen Umständen mehr zurück nach Haar. Die beiden Mädchen kamen ins Zimmer, drückten sich an Mutter und schauten mich schüchtern an. Ich war ja ein Fremder. Es klingelte an der Türe, beide Mädchen sprangen auf und liefen zur Haustüre, um sie zu öffnen. Mit erschrocken geweiteten Augen und mit Herzklopfen schaute ich meine Mutter an. In Sekundenschnelle standen zwei uniformierte Polizeibeamte im Wohnzimmer.

Kurz darauf saß ich mit Handschellen auf dem Rücken im Polizeifahrzeug. So wurde ich zurückgefahren nach Haar. Ich weiß bis heute nicht, wer die Polizei benachrichtigt hatte, vermute aber, dass die Sozialfürsorge sie geschickt hatte. Schweigend saß ich im Auto, konnte kaum atmen und hatte das Gefühl, als steckte mir ein dicker Kloß im Hals. Zurück in Haar, brachten die Polizisten mich auf die Burg, einen Hochsicherheitstrakt für Schwerverbrecher und Sexualstraftäter.

Dort abgeliefert, verbrachte ich einige Tage unter erwachsenen Männern, die mir alle sehr befremdlich vorkamen. Vor den meisten hatte ich große Angst.

Es kam in diesen Tagen zu einer Ekel erregenden Begegnung auf dem WC, über die ich nicht näher sprechen möchte. Allerdings hatte dieses Ereignis zur Folge, dass ich von der betreffenden Person während der kommenden Tage vor den übrigen Männern in dieser Abteilung beschützt wurde. Dr. S. kam in jenen Tagen irgendwann in diese Burg; er war der leitende Arzt vom Kinderhaus, wo ich untergebracht war, bevor ich flüchtete. Ich hasste diesen Menschen und habe heute noch große Schwierigkeiten, wenn ich an ihn denke.

Dr. S. sagte zu mir: »Das hast du dir selber zuzuschreiben, dass du da bist, wo du jetzt bist. Es wird schon noch einige Tage dauern, bevor ich dich zurückhole ins Kinderhaus. Strafe hast du ja verdient. Ich hatte wegen dir großen Ärger mit den Ämtern.«

Tage später war ich wieder im Kinderhaus und stand morgens mit anderen Kindern brav in der Reihe, um mein Medikament einzunehmen, das man mir wieder verabreichte: Haloperidol, heute auch als Haldol auf dem Markt.

Wieder saß ich wochenlang apathisch im Aufenthaltsraum oder lag dösend im Schlafsaal. Zu dieser Zeit konnte ich nicht und durfte auch nicht zur Schule gehen, wodurch sich mein Wissensdefizit erheblich vergrößerte. Ich war damals gerade zwölf Jahre alt.

Einige Zeit verstrich, und ich durfte wieder gemeinsam mit anderen Kindern in den umzäunten Hof. Es war immer noch Winter und bitterkalt. Irgendwann kam Manfred an den Gartenzaun, der Zivildienstleistende, mit dem ich mich angefreundet hatte. Er fragte mich, wie es mir gehe. Ich erzählte ihm so viel, wie ich nur konnte, was nicht einfach war, weil wir ständig vom Chefpfleger des Kinderhauses beobachtet wurden. Er forderte mich mehrfach auf, vom Zaun wegzugehen.

Tage später kam Manfred zu mir in die Abteilung. Er hatte sich dorthin versetzen lassen. Es fanden sich endlich Gelegenheiten, ausführliche Gespräche mit ihm zu führen. Ich erzählte und erzählte, redete ihn ganz schwindelig – von meiner Odyssee durch die Heime bis hierher nach Haar. Er war fassungslos und versprach mir, alles zu tun, was er als Zivildienstleistender nur könne, um mich hier herauszuholen.

Manfred setzte sich mit meiner Mutter in Verbindung und mit dem Fürsorgeamt. Nach langen, zähen Verhandlungen zwischen diesen Parteien und Dr. S. wurde bewilligt, dass ich für vierzehn Tage über die Weihnachtszeit nach Hause durfte zu meiner Mutter. In dieser Zeit der Verhandlungen entwickelte ich immer größeres Vertrauen zu Manfred, weil er sehr offen zu mir war und mir nichts verschwieg, was zwischen den verhandelnden Parteien gesprochen wurde. Meine Ablehnung dem Vater und der Stiefmutter gegenüber wurde so groß, dass ich sie nie mehr sehen wollte.

Manfred erzählte mir, dass er auch mit ihnen gesprochen hatte und dass sie mich zu Weihnachten auf keinen Fall zu Hause haben wollten. Vater wäre dazu bereit gewesen, aber Stiefmutter nicht, sagte mir Manfred.

Weihnachten stand vor der Tür. Ich war zu Hause, ganz offiziell endlich zu Hause bei meiner Mutter. Überglücklich tollte und sprang ich durch die Wohnung wie ein junges Kitz. Ich spielte mit meinen beiden kleinen Geschwistern. Der Weihnachtsbaum im Wohnzimmer war geschmückt, es roch nach frischer Tanne, nach Lebkuchen. Kerzen brannten, Weihnachtszeit. Mein Herz war ruhig, die Seele zufrieden.

Manfred kam mich in diesen Tagen auch besuchen, nahm mich mit in die Stadt und ging mit mir ins Kino. Jack Londons »Lockruf des Goldes« sahen wir uns an. Es war atemberaubend spannend. Mein erster Kinobesuch überhaupt. Mutter erlaubte sogar, dass ich zu Hause bei Manfred über Nacht bleiben durfte. So lernte ich Wolf und sogar Wolfs Mutter Tilly kennen. Gemeinsam bewohnten sie eine gemütliche Mansardenwohnung in München-Obermenzing.

Überall in dieser Wohnung brannten Kerzen. Tilly saß in einem Schaukelstuhl, sie war etwa siebzig Jahre alt, Wolf etwa vierzig. Er sah aber um vieles älter aus. Wolf faszinierte mich vom ersten Augenblick unserer Begegnung. Er war besonders intelligent und belesen. Ich durfte alles und musste nichts. So tollte ich ausgelassen in seiner Wohnung umher. Am nächsten Tag brachte mich Manfred zurück zu meiner Mutter. Er versprach mir, mich während der kommenden Tage wieder zu besuchen. Darauf freute ich mich im Voraus schon riesig.

Am Tag vor Heiligabend spielte ich draußen im Schnee mit Nachbarskindern. Als ich zurückkam in Mutters Wohnung, herrschte eine sehr bedrückte Stimmung. Mutter saß weinend in der Küche. Im Wohnzimmer war ein fremder Mann – wie sich herausstellte, war es ihr Ehemann. Er war vom Gefängnis beurlaubt worden. Warum er dort einsitzen musste, darüber möchte ich nicht sprechen. Er war sehr nett zu mir. Ich fragte ihn, was mit Mutter sei und warum sie weinte. Er wisse es nicht, war seine Antwort. Verunsichert ging ich zurück zu ihr. Da teilte sie mir mit, dass ihr Mann mich nicht im Haus haben wollte. Ich dachte, mein Herz müsste stehen bleiben, als sie mir dies sagte.

Allen Ernstes sah sie nur eine Lösung, nämlich mich zurückzuschicken nach Haar. Meine paar Habseligkeiten hatte sie bereits gepackt. Mir wurde heiß, dann wieder kalt. Ich wollte weinen und konnte es nicht, hatte wieder einen Kloß im Hals und einen trockenen Mund, so als würde ich jeden Augenblick verdursten. Ich bettelte flehentlich darum, dass sie mich nicht zurückschickte nach Haar. Weinend standen wir in der Küche. Das Telefon läutete, Manfred war am Apparat und wollte wissen, ob alles in Ordnung sei.

Sofort erzählte ich ihm die entsetzliche Nachricht. Manfred wollte daraufhin mit Mutter sprechen. Ich reichte ihr den Hörer. Nachdem er einige Zeit mit ihr gesprochen hatte, gab sie mir den Hörer wieder in die Hand.

Manfred sagte zu mir: »Bleib ruhig, mach dir keine Sorgen, pack deine Sachen, ich komme dich in einer Stunde abholen.«

Ich sackte auf den Küchenstuhl und brach in Tränen aus. Am ganzen Leib zitternd, war ich nicht in der Lage aufzustehen, meine Sachen zu nehmen. Dieses Wechselbad der Gefühle war einfach zu viel für mich. Mutter versuchte mich zu beruhigen. Sie erzählte mir, sie hätte mit Manfred vereinbart, dass ich über die Weihnachtstage bei ihm bleiben könne.

Mutter sagte: »Das ist doch alles nicht so schlimm. Auch Haar wird davon nichts erfahren, Manfred bringt dich rechtzeitig zurück, und ich fahre dich dann nach den Weihnachtstagen nach Haar. Niemand von Haar muss davon etwas erfahren.«

Ulrike und Gitti, die kleinen Halbschwestern, tollten um mich herum, waren ausgelassen. Es war ja Weihnachten. Tränen tropften in die Tasche, auf meine Wäsche. Ich holte tief Luft, ging in das Wohnzimmer und reichte sehr gefasst und erwachsen Mutters Mann die Hand zum Abschied. Mutter umarmte mich, steckte mir im Hausflur noch etwas Geld zu, dann standen wir schweigend da und warteten, bis Manfred kam.

Es war bereits dunkel, als ich die Wohnung von Manfred, Wolf und Tilly betrat. Maronen brutzelten auf dem Holzofen, Kerzen brannten, viel Schnee lag draußen auf dem Fenstersims. Tilly schaukelte in ihrem Schaukelstuhl, Wolf rührte am Herd in einem Topf, in dem Punsch dampfte und einen herrlichen Duft verbreitete.

Ich musste weinen. Aber ich war erst einmal glücklich, hier sein zu dürfen. Nach und nach kamen viele liebe Menschen, junge und ältere, alles Freunde von Wolf, Tilly und Manfred, Singles, Pärchen, Verheiratete und Unverheiratete. Besonders liebe und freundliche Menschen. Es wurde eine ungeheuer große Gemeinschaft an diesem Abend. Wie ich erfuhr, war es Tradition im Hause von Wolf Röckner, dass sich diese Gemeinschaft zum Weihnachtsabend hier einfand. Es wurden Gitarren ausgepackt, klassische Gitarren. Wolf und viele Jungen konnten ganz wunderbar spielen, Lieder, die ich noch nie zuvor gehört hatte: von Hannes Wader, Reinhard Mey, Leonard Cohen. Die Kerzen flackerten, das Holz im Ofen knackte, ich war glücklich, trank Punsch, hatte irgendwann einen Schwips und sank in den Schlaf.

In den darauf folgenden vierzehn Tagen meiner Beurlaubung von Haar reiste ich mit Wolf und Manfred in ihrem alten, klapprigen R4-Kastenwagen durch das Land. Von München in den Bayerischen Wald, von dort nach Hessen und zurück nach München. Auf diesen Wegen lernte ich Freunde und Familien kennen. Alle waren eng mit Wolf und Manfred befreundet: angehende Rechtsanwälte, Ärzte, Schriftsteller, Studenten.

Sie schlossen sich zusammen, um eine Lösung zu finden für meine Zukunft. Vor allem eine Lösung dafür, dass ich nicht wieder nach Haar zurück müsste nach den Weihnachtsferien. Ich lernte Thomas kennen und seine Freundin Verena, besonders enge und gute Freunde von Wolf.

An meinem letzten Ferientag saß ich verzweifelt in Wolfs Wohnung. Es gab nicht die geringste juristische

Möglichkeit für mich, in Freiheit zu bleiben. Weder bei Wolf noch bei Thomas oder sonst irgendwelchen Freunden aus diesen Tagen.

Ich musste zurück nach Haar. Nach den vierzehn schönsten Tagen in meinem bisherigen Leben. Manfred hatte versprochen, mich nach den Weihnachtsferien zu meiner Mutter zurückzubringen. Sie musste mich offiziell in Haar abliefern.

Eine ungeheuer schwierige Situation für alle Beteiligten. Ich war bockig, stur, wollte partout nicht einsehen, dass und warum ich noch mal nach Haar sollte, wo wir doch in diesen Tagen beim Fürsorgeamt gewesen waren. Thomas wollte wissen, wie er vorzugehen hätte, denn er wollte gemeinsam mit Verena für mich sorgen. In diesem Amt wurde uns erklärt, dass man meine Angelegenheit prüfen würde.

Die Personalien von Thomas und Verena wurden aufgenommen. Die Dame war besonders freundlich und versprach uns, sich umgehend um eine Lösung zu bemühen. Ich erzählte ihr aus meinem Leben, worum sie mich gebeten hatte. Nachdem sie sich meine Geschichte sehr mitfühlend angehört hatte, versprach sie, dass sie alles tun werde, was in ihrer Macht stünde, damit ich nicht wieder nach Haar zurück müsste. Doch leider stellte sich dann heraus, dass meine Angelegenheit längere Zeit beanspruchte und ich in diesem Zeitraum doch wieder zurück musste.

Nun kam also dieser letzte Ferientag. Alle Freunde waren noch einmal versammelt in Thomas' Elternhaus, um mich zu verabschieden. Ich war in großer Verzweiflung und Panik. Ich konnte mir einfach nicht vorstellen, freiwillig nach Haar zurückzugehen. Logisches Denken war mir zu diesem Zeitpunkt fremd, ich wollte einfach nicht zurück. Ich war so fürchterlich verzweifelt und enttäuscht von den Diskussionen, die da über mich geführt wurden und über die Möglichkeit, wie man es schaffen könnte, mich aus Haar herauszuholen, und diese dann letztlich doch erfolglos geblieben waren.

Immer, wenn ich den Eindruck hatte, es wäre eine Lösung gefunden, verflog diese durch die Einwände eines Jurastudenten, eines Freundes aus diesem Kreis. Ich ging also mit größter Verzweiflung hinaus in den nahe gelegenen, tief verschneiten Tannenwald. Dicke Schneeflocken schwebten hernieder, während ich nach oben durch die Baumkronen einfach in den Himmel blickte, ohne mich am Schneetreiben zu stören. Ich flehte nach oben: »O Gott, warum, warum nur?«

Wenig später saß ich im R4-Kastenwagen, Manfred war am Steuer. Schweigend fuhren wir durch das Schneetreiben nach Haar. Mutter wollte doch nicht fahren oder hatte keine Zeit.

Während der Fahrt sagte Manfred: »Mach dir keine Sorgen, wir lassen dich nicht im Stich. Halte durch, mach keine Dummheiten, wir holen dich in jedem Fall heraus. Du musst aber Geduld haben.«

Ich schluckte, Tränen liefen mir über das Gesicht. Ich antwortete tapfer: »Das hab ich, ganz bestimmt, das hab ich.«

Wir erreichten Haar, ich hatte Herzklopfen und einen trockenen Mund. Ein Sausen im Kopf und in meinen Ohren verspürte ich außerdem. Ich biss die Zähne zusammen, atmete tief durch, um die Tränen zurückzudrängen.

Schließlich stand ich mit Manfred an der Tür des Kinderhauses. Er läutete. In Gedanken hatte ich den großen Aufenthaltsraum vor mir: die Kinder an den Betten befestigt. Ich sah in Gedanken die Blechteller auf den Tischen, hörte das Geschrei vieler Kinder.

Manfred klingelte noch einmal. Schlüsselgeräusche. Krachend fiel eine Türe zu. Eine andere wurde geöffnet. Hallend klapperte ein riesiger Schlüsselbund hinter der geschlossenen Türe, vor der ich mit Manfred stand.

Die Tür wurde geöffnet. Ein Pfleger stand vor uns, ohne eine Miene zu verziehen. Ohne ein Wort trat er zur Seite, deutete mir mit einer Kopfbewegung einzutreten. Bedrohlich, bestimmend empfand ich dies.

Ich drehte mich nochmals zu Manfred um und umarmte ihn.

Ich sagte: »Bitte, bitte, vergesst mich nicht!«

Dann ging ich bedrückt und niedergeschlagen am Pfleger vorbei ins Haus. Der Pfleger schloss die Eingangstüre, indem er sie krachend zufallen ließ. Schließlich öffnete er die Türe, welche in den großen Aufenthaltsraum des Kinderhauses führte.

Da stand ich also wieder im Kinderhaus Haar, umgeben von geistig wie körperlich Behinderten. Gleich im selben Augenblick hatte eines der Kinder einen epileptischen Anfall. Mit schäumenden Mund, verkrampftem Körper und schmerzverzerrtem Gesicht lag der Junge am Boden. Ein Pfleger steckte ihm etwas zwischen die Zähne. Ein anderer Pfleger setzte sich auf ihn mit seinen 150 Kilo und versuchte ihn ruhig zu halten.

Andere Kinder wurden sehr unruhig, begannen zu kreischen und zu schreien. Einer schlug sich ständig mit der Hand ins Gesicht, sodass die Nase heftig zu bluten begann. Wieder andere saßen auf der Holzbank an der Wand, wippten vor und zurück. Einer von ihnen stieß jedes Mal hart mit dem Rücken an die Wand und gab dabei Geräusche von sich wie eine Motorsäge, bei welcher ohne Unterbrechung der Gashebel auf und ab gedreht wird. Der Epileptiker lag am Boden, panisch und verkrampft.

Ein anderer neben mir stupste mich fortwährend, wippte grinsend von einem Bein aufs andere und pinkelte in die Hose. Er schlug sich mit der Handfläche auf die Nase, ins Gesicht.

Ich konnte gerade noch meine Hand zum Mund führen. Zu spät, der Brei schoss zwischen meinen Fingern hindurch auf den Boden. Ich rannte auf die Toilette und übergab mich mehrmals. Gegen fünf Uhr kam wie immer das Abendessen. Geliefert von der zentralen Großküche mit einem Transporter. Jedes Mal musste dazu die Eingangstüre geöffnet werden.

Manchmal ließen die Pfleger die Tür zum Raum offen, in dem wir Kinder waren. So hatte ich eine freie Sicht in die Eingangshalle bis zur Haustüre, die ins Freie führte. Der Pfleger öffnete die Türe, ohne sie hinter sich zu schließen. Ging vor das Haus und half das Essen hereintragen.

Plötzlich war großes Geschrei im Schlafsaal, der an den Aufenthaltsraum angrenzte. Ich kümmerte mich nicht weiter darum, wer da schrie. Es war ohnehin nichts Ungewöhnliches, ich hatte mich daran gewöhnt. Der Pfleger stellte das Essen auf einen der Tische, dann stürzte er genervt in den Schlafsaal zu dem schreienden, tobenden Jungen.

Ich hörte, wie der Essenslieferwagen wegfuhr. Zwischen all den kranken, verwirrten, umherlaufenden und sitzenden Kindern begab ich mich zur Tür. Mein

Herz schlug bis zum Hals – jetzt oder nie, dachte ich. Nicht zu hastig, sei nicht so hastig. Sonst beginnen einige der Kinder zu schreien oder aber rennen hinter mir her. Ich war aufgeregt, euphorisch, gleichzeitig hatte ich Panikattacken. Immer näher kam ich der offen stehenden Türe. Dort angelangt, rannte ich los, als müsste ich um mein Leben laufen, verfolgt von einer gefährlichen Raubkatze. Ich rannte quer über die Wiese in Richtung Pforte. Es herrschte ein wildes Schneegestöber. Dieses Mal hatte ich meine Kleidung vollständig an, ja sogar meine Straßenschuhe.

Kurz vor der Pforte blieb ich hinter einer großen, schneebedeckten Tanne stehen. Mein Körper schmerzte. Ich bekam Seitenstechen. »Nein, nicht jetzt, bitte, lieber Gott, nicht jetzt, kein Seitenstechen«, sagte ich vor mich hin. Wenige Sekunden ruhte ich kauernd unter den weit ausladenden Ästen dieser schneebeladenen Tanne. Keuchend, mit brennender Brust schaute ich ängstlich in Richtung Pforte. Meist war diese besetzt. Ich hoffte sehr, dass sie es dieses Mal nicht wäre. Aber verdammt! – Sie war besetzt. Ich musste also einen anderen Weg finden, um aus diesem Anstaltsgelände in die Freiheit zu gelangen. Es gab nur noch die Möglichkeit, über die Mauer zu klettern. Wie aber sollte ich rüberkommen, so hoch wie sie war? Sicher hatte ich nicht mehr viel Zeit. Wahrscheinlich würde ich schon gesucht.

Wohin? Was sollte ich bloß tun? Ich nahm all meinen Mut zusammen, ging selbstsicher auf die Pforte zu. Ständig wollte ich dabei losrennen, gleichzeitig bremste ich mich. Ich stopfte meine nervösen Hände geballt in die Hosentaschen. Dicke Schneeflocken stoben um mich herum. Ich senkte meinen Kopf so, als wäre ich unsichtbar, ja, ich machte mich unsichtbar. Mit strammen, zielgerichteten Schritten bewegte ich mich auf die Pforte zu. Schaute stur vor mich hin auf den weißen, schneebedeckten Boden. Er sieht mich nicht, der Pförtner sieht mich nicht, sagte ich mir leise flüsternd vor. Ich war so verspannt, als hätte ich am ganzen Körper einen schmerzhaften Muskelkrampf. Es war mir unmöglich, mich zu lockern. Ich biss so fest auf meine Zähne, dass ich Angst hatte, der Pförtner könnte es bis in sein geschlossenes Pförtenhäuschen hören. Der Augenblick, da ich an ihm vorüberging, war da, ich hielt die Luft an, hielt die Augen stur geradeaus gerichtet. Unvorstellbar große Schneeflocken lagen auf meinen Wimpern, ich wagte es nicht zu blinzeln.

## Zur Fahndung ausgeschrieben

»Unsichtbar, lieber Gott, mach mich unsichtbar«, sagte ich fortwährend in Gedanken vor mich hin. Schließlich gelangte ich vorbei an der Pforte ins freie Gelände. Gegenüber war ein ausgedehnter Acker. Wieder begann ich zu rennen wie ein gehetztes Tier – bis zum angrenzenden Wald. Dieser war kaum zu sehen, wegen des dichten Schneetreibens. Kaum war ich bei den ersten Baumreihen angelangt, lief ich ein Stück in den Wald hinein.

Dort wartete ich, bis es dunkel wurde. Total durchnässt und frierend, machte ich mich bei Dunkelheit auf den Weg in Richtung Bahngleis. Nach etwa einem halben Kilometer über ein verschneites Feld waren meine Schuhe schwer geworden, weil sich dicke Klumpen lehmiger Erde daran festgesetzt hatten. Ich blieb mit den Füßen so tief im Morast des Ackers stecken, dass ich große Mühe hatte, mich zu befreien und fortzubewegen. Ich lief am Gleis entlang bis nach Kirchseeon. Inzwischen war die Nacht hereingebrochen. Ich wollte zu Thomas – und bin schließlich auch in stockfinsterer Nacht total erschöpft bei ihm zu Hause angelangt. Es war bitterkalt, ich fror schrecklich, die Haare tropften. Thomas war besonders rücksichtsvoll. Er überschüttete mich nicht mit Vorwürfen, wie ich das von anderen Menschen gewohnt war. Ich bekam warme Kleidung und etwas zu essen. Dann durfte ich in einem sehr schönen, kuscheligen Zimmer schlafen. Es war sein Zimmer. Da roch es nach Räucherstäbchen, die ich damals noch nicht kannte. Kerzen brannten, eine für mich völlig neuartige Musik erklang vom Plattenspieler. Es war die Musik von Led Zeppelin. Dieses Zusammenspiel aller Instrumente, der Gesang – es war mir, als würde ich mich entpuppen aus dem Kokon, in dem ich all die Kinderjahre gefangen gewesen war. Diese Musik spiegelte in all ihren Facetten mein wild zerfurchtes, kurzes Kinderleben wider.

Es kamen Monate, in denen ich von vielen Freunden versteckt gehalten wurde, weil ich zur Fahndung ausgeschrieben war. Die Polizei suchte mich bei Thomas, Wolf, Manfred und vielen anderen lieben Menschen aus diesen Kreisen, die sich damals alle sehr für mich einsetzten. Es begann ein Tauziehen zwischen den Behörden und diesen Menschen, die zu meinen Freunden wurden. Immer wieder gab es Treffen in verschiedenen Wohnungen. Es wurde beratschlagt, wie es mit mir weitergehen sollte. Monate verstrichen ohne eine Änderung meiner Lage. Ich bewegte mich illegal durch die Stadt, hatte meist Angst, dass ich von der Polizei festgehalten werden könnte. Also blieb ich überwiegend in den einzelnen Wohnungen meiner Freunde, die mir immer wieder beteuerten, dass sie mich unter keinen Umständen fallen lassen würden – trotz der extrem angespannten Lage, in der sich die meisten von ihnen aufgrund von Hausdurchsuchungen durch die Polizei befanden. Man suchte mich natürlich aufgrund von Hinweisen meiner Mutter. Sie hatte die Anschriften und Telefonnummern von Manfred und Wolf.

Trotz enormer psychischer Anspannung in diesen Monaten der Ungewissheit über meine Zukunft hatte ich die schönste Zeit in meinem jungen Leben. Ich wurde geliebt, umsorgt und konnte mich endlich richtig satt essen – ich musste nicht mehr dieses ungenießbare Essen in mich hineinstopfen, das es in Haar gab. Endlich musste ich nicht mehr fragen, wenn ich an den Kühlschrank ging, weil ich Hunger hatte, wie es zu Hause bei Stiefmutter immer gewesen war. Endlich hatte ich Kleidung, die mir passte, die nicht zwickte, kratzte und oft zu klein für mich war. Doch was für mich das Wichtigste war, ich wurde ernst genommen, durfte widersprechen, ohne geschlagen zu werden. Ich durfte mich sogar einmischen in die Diskussionen, bei denen es um mich ging. Es dauerte sehr lange, bis ich das wirklich begriffen hatte – dass ich ein Mensch war mit eigenem Willen, mit Gedanken, Empfindungen und Emotionen, die ich ungezwungen zum Ausdruck bringen durfte.

Es war eine sehr seltsame Situation, in der ich mich damals befand. Das Fürsorgeamt wusste schließlich Bescheid, wo und bei wem ich war, trotzdem wollte oder konnte diese Behörde mich nicht aus der Fahndungsliste streichen lassen. Ich war sogar gemeinsam mit Thomas, Siggi und seiner Verlobten auf dieses Amt gegangen – mit den beiden aus dem damaligen Freundeskreis, bei denen ich offiziell wohnte. Eine einzelne Person, wie Thomas, Verena, Wolf, Manfred, Pipi, Sonny, die sich um mich kümmern wollten, hätte keine Chance bei den Ämtern gehabt, eine solche Genehmigung zu erhalten. Sie waren alle unverheiratet.

Siggi und seine Freundin waren damals verlobt und das einzige Paar aus dem Freundeskreis, das ernsthaft beabsichtigte zu heiraten. Siggi arbeitete im Garchinger Atomforschungsinstitut, dadurch war er der nach außen hin Seriöseste von allen, die sich um mich bemühten. Sonny war Jurastudent und lieferte nützliches Wissen zur Vorgehensweise in meiner Angelegenheit. Manfred begann ein Sozialpädagogikstudium, war somit auch sehr hilfreich. Ich wohnte offiziell bei Siggi und seiner Verlobten, wo ich mein eigenes Zimmer hatte. Tatsächlich aber habe ich mich mehr bei Thomas und seiner Freundin Verena, bei Wolf, Manfred und vielen anderen aus diesem Kreis aufgehalten.

Das Tauziehen um die Entscheidung, was mit mir geschehen sollte, ging monatelang weiter. Schließlich bekam ich eine so genannte Duldung für den vorläufigen Verbleib in Freiheit. All die Monate stand ich auf der Fahndungsliste. Entsprechend unruhig waren mein Schlaf und Magen in dieser Zeit. Haar wollte mich unter allen Umständen zurückholen. Eine Kompromisslösung wurde ausgearbeitet. Ich musste in den sauren Apfel beißen und kam in die Heckscher-Klinik in München-Schwabing. Ich hatte entsetzliche Angst, dorthin zu gehen, weil ich wusste, dass dies auch ein psychiatrisches Krankenhaus ist. Alle beteiligten Freunde redeten auf mich ein, es gäbe für mich keine andere Möglichkeit. Es wäre ein akzeptabler Kompromiss für mich. So habe ich mich gebeugt und bin an einem dieser Tage morgens in die Heckscher-Klinik gegangen.

Schon am ersten Schultag traf ich in meiner Klasse mehrere Kinder, mit denen ich in Haar untergebracht gewesen war. Sie erzählten mir, dass das Kinderhaus in Haar in den Monaten nach meiner Flucht geschlossen worden war und es großen Wirbel um mich gegeben hatte.

Die Medien hatten im Zusammenhang mit meiner Flucht das Thema Psychiatrie aufgegriffen, im Speziellen die Anstalt Haar. Es kamen Ungeheuerlichkeiten zutage – Dinge, die seitens des Pflegepersonals und der Ärzte mit den Patienten getrieben worden waren. Ich war stolz, denn einige der Kinder waren der Ansicht, dass sie es mir und meiner Flucht zu verdanken hätten, das sie jetzt hier in der Heckscher-Klinik waren. Leider musste ich sehr bald feststellen, dass der Umgang mit uns Kindern in der Heckscher-Klinik auch nicht viel besser war als in Haar. Auch hier wurden viele Kinder gezwungen, gegen ihren Willen Medikamente einzunehmen. Auch mir hat man zu Beginn meines Aufenthaltes dort wieder Psychopharmaka zu verabreichen versucht, wogegen ich mich aber verbal heftig wehrte. Mit Erfolg.

Die Kinder in meiner Klasse, welche die Psychopharmaka, Neuroleptika, Antidepressiva und anderes Zeug schlucken mussten, waren physisch und psychisch in miserabler Verfassung. Nicht nur einmal habe ich Weinkrämpfe, Wutanfälle und andere Reaktionen dieser armen Kinder miterlebt. Einige der Buben in meiner Schulklasse waren extrem ruhig, wirkten apathisch.

Gleich am ersten Tag meines Aufenthaltes wurde ich aus dem Klassenzimmer zur Visite geholt. Ich betrat einen großen Raum, in dem sich viele Frauen und Männer befanden, die allesamt weiße Kittel trugen. Ein Arzt saß am Eingang, gleich vorne mit Blick ins Kollegium. Er bat mich, näher zu treten, ich sollte neben ihm Platz nehmen. Dieser Arzt begann meinen Kopf zu vermessen, schrieb etwas an eine große Schultafel, dabei sprach er zu den Anwesenden in fachärztlichem Deutsch. Ich verstand kein Wort davon. Während seines Vortrages saß ich auf einem

Stuhl wie ein Kaninchen vor der Schlange – mit dem Blick in die Menge, die mich neugierig beobachtete. Ich fühlte mich relativ stark und sicher, ein großer Erfolg der langen und intensiven Gespräche mit Wolf und Thomas und auch meines selbstständigen Lebens in Freiheit. Am Ende dieser Prozedur, die mir wie die Fleischbeschau durch einen Veterinär vorkam, schob mir dieser Arzt eine Dose mit Süßigkeiten, die auf seinem Tisch stand, unter die Nase. Er öffnete die Dose und forderte mich auf, ein Bonbon zu nehmen.

Ich lehnte ab. »Nein, danke«, sagte ich.

»Alle Kinder mögen Süßigkeiten, du doch bestimmt auch«, sagte er.

»Nein, danke«, wiederholte ich.

»Nicht ein Einziges?« – und hielt mir dabei die Dose unter die Nase.

»Nein, wirklich nicht«, wiederholte ich noch einmal und wehrte die Dose mit meiner Hand ab.

Ich merkte, wie sich unter einigen der Zuschauer Unmut breit machte, andere wiederum fanden die Situation belustigend. Schließlich stellte der Chefarzt die Dose zurück auf sein Pult. Er grinste dabei voller Sarkasmus, dann wurde seine Miene ernster.

Er fragte seine Kollegen: »Was bekommt er denn für Medikamente?«

Aus der Menge der Zuschauer kam die Antwort: »Keine, zum jetzigen Zeitpunkt.«

Mir wurde heiß, dann kalt. Ich fühlte mich zunehmend unwohl und bat darum, gehen zu dürfen. Worauf dieser Arzt etwas sagte, das die Zuschauer in schallendes Gelächter ausbrechen ließ.

Noch während alle lachten, verließ ich diese unangenehme Umgebung, von der ich nicht wusste, ob all das ein übler Traum oder doch Wirklichkeit wäre. Doch es war real, ganz real.

Am Abend erzählte ich die Begebenheit Siggi und seiner Freundin. Ich bat sie, doch bitte dafür zu sorgen, dass ich auf keinen Fall mehr Medikamente einnehmen müsste, weil diese scheußlich schmeckten und ich davon immer so müde und schläfrig wurde.

Einige Tage nach dieser Visite lag ich wieder an einem EKG-Gerät. »Augen zu, Augen auf«, hieß es wieder. Ich wollte schreien, toben, weglaufen. Im Stillen dachte ich: »O Gott, nimmt das denn nie ein Ende?« Ich hatte Angst, dass die Ärzte krampfhaft nach einem Grund suchten, um mich im geschlossenen Haus unterzubringen. Aus den Erzählungen meiner Mitschüler, die ich aus Haar kannte, wusste ich, dass es auch in dieser Klinik nicht schön ist für uns Kinder. Ab und zu sah ich einige Buben, die zur Untersuchung geführt wurden oder von dort kamen. Das, was ich sehen musste, machte mir Angst. Die gleiche Angst, wie ich sie von Haar kannte.

So vergingen einige Jahre, ich war mittlerweile fünfzehn und wohnte nun offiziell bei Thomas und seiner Verlobten Verena, ging aber weiter in die Heckscher-Klinik.

Kurz vor dem Schuljahreswechsel im Herbst 1974 verliebte ich mich in eine Mitarbeiterin dieser Klinik – und sie sich in mich.

Es war ein ungeheuer spannendes Erlebnis für mich, als ich Genia kennen lernte. Sie war eine junge Psychologiestudentin, die in der Heckscher-Klinik ihr Praktikum absolvierte. Immer wieder begegneten wir uns zwischen den Schulstunden im Gebäude oder auf dem Gelände der Klinik. Ich fühlte mich zu Genia so sehr hingezogen, als würden wir uns schon sehr lange kennen.

Ich besuchte sie in ihrer Wohnung, in der sie gemeinsam mit anderen Praktikanten und mit Zivildienstleistenden lebte. Das war nicht weit von meinem Zuhause bei Thomas, eigentlich nur wenige hundert Meter entfernt. Immer öfter hielt ich mich bei Genia zu Hause auf. Sie hatte schon eine drei Jahre alte Tochter. Ich fühlte mich besonders wohl in dieser kleinen Wohngemeinschaft. Weihrauch duftete meist durch die Wohnung, mir noch unbekannte Musik erklang vom Plattenspieler. Es wurde viel Tee getrunken. Die Wohnungseinrichtung hatte einen eigenen Stil, der einen besonderen Reiz auf mich ausübte. Viele Gegenstände aus fernen, mir völlig fremden Ländern schmückten diese Wohnung. Marokkanische und indische Stilelemente vermischten sich. Ein alter Holzschemel erinnerte mich an zu Hause, an Vaters Heim. Ohne dass wir uns in diesen Monaten je berührt hätten, wuchs unsere Zuneigung, bis ich mich schließlich ganz und gar in sie verliebte. Ich hatte Herzklopfen, einen trockenen Mund, benahm mich sehr merkwürdig gegenüber Genia. Zuweilen besonders kindisch. Ich traute mich nicht, ihr meine Gefühle mitzuteilen. Sie war ja Mitarbeiterin der Heckscher-Klinik, schon deshalb hatte ich großen Respekt vor ihr. Ich träumte davon, sie zu berühren, zu küssen, war mir aber sicher, dass das ganz unmöglich wäre.

So vergingen Wochen und Monate: im Wechsel tags in der Heckscher-Klinik, wo Genia und ich per Sie sein mussten, am Abend zu Hause bei ihr mit Herzklopfen bis zum Hals und diesem Kribbeln im Bauch. Ich hatte ihr aus meinem kurzen bisherigen Leben erzählt, von meinen Odysseen in Kindertagen. Da nahm sie mich dann einmal in ihre Arme. Das Herz klopfte mir bis zum Hals, doch es blieb bei Umarmungen. Es waren jedes Mal wunderbare Glücksmomente für mich. Sicher hatte ich, wenn ich heute darüber nachdenke, eine Ersatz-Mutter gesucht. Ich genoss diese Abende bei Kerzenlicht, wenn der Raum erfüllt war mit Musik von Donavan, Bob Dylan, Joan Baez und von herrlich duftenden Räucherstäbchen.

Zu Hause bei Thomas habe ich mir immer noch Led Zeppelin angehört mit einer Lautstärke, die öfter mal den einen oder anderen Nachbarn vor unsere Wohnungstüre führte – oft auch den Vater von Thomas, der von seinem Lokal hoch in die Wohnung kam: dem Lokal, das er führte und in dem Thomas kellnerte.

Ich war glücklich in diesen Tagen, es ging mir sehr gut. Thomas ließ mir große Freiheiten. Siggi und seine Verlobte waren offiziell weiterhin mein Vormund. Eigentlich hatte ich in dieser Zeit vier Familien. Siggi und Frau, bei denen ich offiziell wohnte, Thomas, bei dem ich tatsächlich wohnte, Wolf und Manfred, bei denen ich regelmäßig ein- und ausging, mit denen ich Kinobesuche, Theatervorstellungen und andere Aktivitäten unternahm. Die vierte war Genia mit Tochter!

Manfred hatte kurz nach meiner letzten Flucht aus Haar dort gekündigt. Ich verbrachte meine Zeit außerhalb der Schule im Wechsel bei Thomas, bei Wolf und Manfred, bei Sonny und Freunden und an Nachmittagen manchmal auch Abenden bei Genia – und immer wieder in meiner offiziellen Wohnung, in meinem Zimmer bei Siggi und Frau. All diese Menschen lernten sich im Laufe der Zeit kennen, weil jeder daran interessiert war, bei wem und wo ich mich herumtrieb.

Das war besonders schön für mich, weil ich das Gefühl hatte, eine riesengroße Familie zu haben.

Ich liebte Genia still und platonisch. Ich liebte Wolf, Manfred, Thomas, Verena, Siggi, liebte all diese Menschen, die sich damals so intensiv und einfühlsam um mich kümmerten. Das Schönste war zu wissen, dass auch sie mich in ihre Herzen geschlossen hatten. Ich war glücklich in diesen Tagen, wurde getröstet, wenn es mir schlecht ging, man hörte mich an, wenn ich Probleme hatte. Wir lachten und weinten gemeinsam.

Ein Freitagnachmittag, irgendwann in dieser Zeit: Ich fuhr damals, als es Sommer wurde, oft über das Wochenende nach Bad Reichenhall, wo Thomas ein stillgelegtes Bahnhäuschen angemietet hatte. Dort trafen sich am Wochenende meist viele junge Menschen, Freunde von Thomas, die auch meine Freunde wurden. Thomas hatte in Reichenhall in der Hotelfachschule Luisenbad seine Ausbildung zum Koch absolviert. Als er fertig war und zurück nach München ging, behielt er das Bahnhäuschen, das er in der Zeit seiner Ausbildung bewohnt hatte. Es war nicht teuer, kostete nur etwa 150 Mark Miete im Monat. Das romantische Häuschen lag an den Gleisen der Bahnstrecke Rosenheim-Salzburg auf einem schmalen Wiesengrund hin zur Saalach, dem Grenzfluss zwischen Deutschland und Österreich. Es gab dort keinen Strom, nur Petroleum- und Kerzenlicht. In der Küche stand ein alter Wamsler-Holzofen, vom Flur führte eine Türe in den Keller und eine Treppe nach oben in die Mansarde. Dort befanden sich zwei kleine Zimmer. Insgesamt gab es mit der Küche vier kleine Zimmer.

Wenn es dämmerte zündeten wir die Petroleumlampen und Kerzen an. Im Keller hatte sich vor Thomas' Einzug jemand erhängt. Der Geist dieser Person spukte durch das kleine, am Abend meist feuchtkalte, eng verwinkelte »Hexenhaus«. Vom Mansardenzimmer im ersten Stock aus konnte man durch das Fenster, von dessen Rahmen die weiße Farbe beim Öffnen und Schließen abblätterte, hinübersehen über die reißende Saalach auf die österreichische Seite. Man hatte einen wunderschönen Blick in den Mischwald.

Ich war alleine an einem dieser Wochenenden im Bahnhäuschen, wusste aber, dass viele Freunde von Thomas in Bad Reichenhall waren zum alljährlichen Saalach-Inselfest. Ich mochte all diese jungen Paare besonders gerne. Es waren liebe Menschen, die ich in den zurückliegenden zwei Jahren kennen lernen durfte. Auch Wolf und Manfred gehörten natürlich zu diesem Kreis.

Es gab in dieser Gruppe von Freunden ein Paar, das ich besonders ins Herz geschlossen hatte: Teddy und Karla. Ich war im Bahnhäuschen an diesem lauen Sommerabend. Langeweile überkam mich, also trampte ich nach Bad Reichenhall, in die Stadt, nur wenige Kilometer entfernt vom Häuschen. Als ich das erste Stück auf der Landstraße entlangging, fuhren nur wenige Autos. Zwischen saftigen Wiesen und einzelnen Gehöften windet sich die Straße nach Reichenhall, durch Baumalleen und üppige Blumengärten. Das Tal ist umgeben von hohen Bergen, die je nach Sonnenstand mal freundlich und dann wieder düster, ja sogar bedrohlich wirken. In Bad Reichenhall angekommen, ging ich in das Gasthaus Bürgerbräu. Es war der Treffpunkt aller Freunde in diesen Tagen. Tatsächlich traf ich sie alle dort an in gemütlicher Runde. Sie waren seit ihrer Kinderzeit miteinander befreundet, gemeinsam zur Schule gegangen und hatten Berufsausbildungen begonnen. Die meisten wohnten noch zu Hause bei ihren Eltern.

Wie immer wurde ich herzlich aufgenommen. Wir lachten, hatten viel Spaß, erzählten uns die neuesten Neuigkeiten. Freitagnachmittag, Thomas wollte noch aus München nachkommen, um Verena zu sehen, die dort bei ihren Eltern wohnte. Ich erfuhr, dass Teddy und Karla am kommenden Tag gemeinsam nach Italien trampen wollten. Das tat mir Leid, denn ich hätte sie gerne noch gesehen vor ihrer Abreise.

Im zu Ende gegangenen Winter hatte ich einige Tage bei den beiden verbracht. Thomas hatte das arrangiert. Er musste damals für einige Tage beruflich weg aus München und wollte mich nicht alleine lassen, also fuhr ich zu Karla und Teddy. Es waren besonders schöne Tage in tief verschneiter winterlicher Berglandschaft.

Teddy und Karla wollten vor ihrer Abreise nach Italien vielleicht doch noch zur Gruppe stoßen, wie man mir erzählte. Alle begaben wir uns Stunden später auf den Weg zur Saalach an einen bestimmten Platz nahe Reichenhall. Dort entzündeten wir ein Lagerfeuer, Gitarren und Trommeln wurden ausgepackt. Manche von diesen Freunden konnten ganz ausgezeichnet Gitarre, Mundharmonika, auch andere Instrumente spielen. Das hatte mich damals auch sehr motiviert, immer besser lernte ich mit dem Instrument Gitarre umzugehen. Die ersten Griffe hatte mir Wolf beigebracht, der auch öfters in dieser Gruppe dabei war, dieses Mal aber nicht.

Es wurde Nacht, das Feuer brannte, die Stimmung war ausgelassen. Die Saalach rauschte, gurgelte, gluckste. Hirsche röhrten von den bereits im Dunkel liegenden Bergen herunter. Mädchen lagen in den Armen ihrer Liebsten, manche schliefen. Ein harter Kern blieb um das Lagerfeuer versammelt, spielte leise Musik. In dieser Nacht stießen noch einige Neuankömmlinge dazu, was die Stimmung wieder aufleben ließ. Bierkisten wurden angeschleppt, einige Leute brachten neue Instrumente mit. Am Ende ging der Spaß bis in die Morgendämmerung.

Ich fragte während des Abends einige Male nach dem Verbleib von Karla und Teddy. Es gab unterschiedlichste Informationen. Sie seien bereits aufgebrochen zu ihrer Reise nach Italien, andere versicherten, dass die beiden vor der Abreise auf jeden Fall noch vorbeikommen würden, um sich zu verabschieden. Sie kamen leider nicht. Die ganze Nacht war ich wach geblieben, während alle um mich herum schliefen. Ich bin sicher einige Male eingenickt, aber ich kämpfte eisern gegen meine stärker werdende Müdigkeit an. Ich war fünfzehn Jahre alt, umgeben von guten Menschen, trotzdem fühlte ich mich oft einsam und suchte immer nach Vater- und Mutter-Ersatz. Karla und Teddy, so war von Angekommenen in dieser Nacht zu erfahren, würden sich am Morgen auf direktem Weg zur Autobahn begeben, um nach Italien zu trampen. Sie kämen doch nicht mehr.

Ich war darüber sehr enttäuscht, ja traurig. Die Sonne bahnte sich ihren Weg über die im Schatten liegende Bergwelt. Einige Strahlen erhellten das gegenüberliegende Ufer, auf dessen jungem Wald der Morgentau glitzerte. Matthias hatte mir in der Nacht versprochen, wenn Karla und Teddy nicht kämen, würde er mich zu ihnen fahren. Ich ging zu dem Platz nahe am Fluss, wo Matthias in seinem Schlafsack eingeigelt lag. Vorsichtig stupste ich ihn an.

»Matthias, hey, du«, sagte ich leise, um die anderen nicht zu wecken. »Du wolltest doch noch zu Karla und Teddy.« Von dem Schlafsack, an dem ich zupfte, kam nur ein Brummen. Das klang nicht gemütlich. Ich trollte mich, ging zurück zum Fluss, nahm einige Kieselsteine, die besonders flach waren, und ließ sie über das Wasser hüpfen. Der Schatten, der auf das Tal fiel, begann sich fortzubewegen, die Sonnenstrahlen rückten dem Biwak näher. Ich war mir dadurch sicher, dass es schnell gehen würde, bis die Sonnenstrahlen das Lager erreicht hätten und diese Faulpelze alle wach würden, sodass wir Karla und Teddy noch einholen könnten. Als die Sonne endlich auf die verstreut in ihren Schlafsäcken Liegenden schien, rührte sich nichts. Von dort, wo ich saß, sahen die Schlafsäcke aus wie große Maulwurfhaufen. Ich begann müde zu werden, träumte mit offenen Augen vor mich hin. Die Szenerie, die mich umgab, erinnerte mich an eine Sequenz aus einem Winnetou-Film. Die Saalach floss an dieser Stelle in einem großen Kiesbett, glitzerte dabei wie tausend Diamanten, bestrahlt von der Morgensonne. Das Bergmassiv glänzte weißgrau, tiefblau war der Himmel. Rauchschwaden von immer noch glimmenden Lagerfeuern verteilten sich wie feine Nebelschleier über das Tal. Rußverschmiert waren meine Hände, nach kaltem Rauch roch ich, empfand es aber als wunderbar duftend. Wie in einem Karl-May-Film war diese Szenerie. Immer tiefer träumte ich mich fort in meine Welt. Ich sah mich umgeben von Indianerzelten. Hirsche und Büffel ästen verstreut zwischen den Zelten. Es war wie in einem wunderbaren Abenteuer.

Andere Gedanken rissen mich zurück in die Realität. Absurde Gedanken, die ich bekämpfte, aber auch zuließ. Ich überlegte, dass ich viele heimliche Autofahrstunden gehabt hatte bei Wolf und anderen Freunden auf abgelegenen Feldern, Wiesen, Waldwegen. Ich konnte fahren, ja, das konnte ich, doch ich war noch nie alleine gefahren.

Zurück am Biwak, versuchte ich erneut, Matthias zu wecken. »Hey, du, Matthias wir wollten doch Teddy und Karla holen, das hast du gesagt, gestern Nacht.« Matthias war sehr müde, schälte sich aus seinem Schlafsack. Gähnte lang und breit.

»Wie spät ist es?«, fragte er.

Ich sagte: »Ich weiß es nicht, spät glaube ich. Karla und Teddy sind bestimmt nicht mehr lange zu Hause.«

Matthias sah mich an, musste grinsen wegen meiner kindlichen Eindringlichkeit. Er drehte sich eine Zigarette, kramte in seiner Kleidung, zog eine Armbanduhr hervor, schaute darauf, verdrehte die Augen. »Fünf Uhr ...«, sagte er schnaufend, legte sich dabei wieder nieder und verschwand in seinem Schlafsack wie eine Schildkröte in ihrem Panzer.

Es gelang mir, Rainer, mit Spitznamen Brian, zu wecken. Brian sagte: »Wenn du ein Auto hast und den Schlüssel dafür, dann fahr ich dich. Ich möchte Teddy und Karla auch noch sehen.«

Aber Matthias wollte mir seinen Wagenschlüssel nicht geben. Ich habe ihn aber dann doch überzeugen können, dass Brian fährt. Der hatte sich, etwas entfernt vom Lager, in seinem Schlafsack aufgerichtet und winkte zu uns herüber. Alles okay, sollte das wohl heißen. Matthias gab mir seinen Wagenschlüssel,

erklärte noch einige wichtige Details, wie beispielsweise: »Die Bremsbeläge sind runtergefahren, die
Handbremse funktioniert nicht, das Steuer hat etwas
Spiel. Ach ja, und ich glaube, Benzin ist nicht mehr
viel im Tank, sag das Brian, okay?«

»Mach ich«, antwortete ich und ging freudig und
gut gelaunt zu Brians Platz zurück.

## Inges Tod

Inzwischen war dieser aber schon wieder weit weg irgendwo in seinem Traum und schnarchte. Er war trotz größter Bemühungen nicht wieder wach zu bekommen. Ich weiß nicht mehr, was dann in mir vorging. Jedenfalls saß ich kurze Zeit später im VW-Käfer von Matthias. Fünf- bis zehnmal drehte ich den Zündschlüssel, um das Auto zu starten, bis endlich der Motor ansprang. Das Lenkrad hatte die bereits erwähnten zehn Zentimeter Spiel, die Handbremse rastete nicht ein, fiel leer nach unten.

Die Bremse reagierte erst nach mehrmaligen Pumpen mit dem Fuß. Zwischen Gas und Kupplung war der Boden durchgerostet, sodass das Gras von unten hereinwuchs.

»Bleib locker, ganz locker«, sagte ich zu mir. »Du schaffst das. Ist ja ein Kinderspiel. Nur fünf Kilometer, dann bist du bei Teddy und Karla. Teddy hat einen Führerschein, wir fahren alle drei gemeinsam hierher zurück. Wenn wir dann zurück sind, freuen sie sich darüber, dass beide doch noch gekommen sind.« All diese Gedanken gingen mir durch den Kopf, während ich über den Feldweg zockelte in Richtung Hauptstraße.

Ich musste plötzlich daran denken – »Wenn dich jemand sieht, man kann doch sehen, dass du noch ein Kind bist«, sagte ich in Gedanken zu mir selber, blickte dabei in den Rückspiegel, drehte ihn so, dass ich mich besser betrachten konnte. Meine langen, lockigen, zerzausten Haare strich ich mir weit ins Gesicht. Das ist besser, niemand kann jetzt sehen, wie alt ich bin. Der Wagen begann plötzlich zu schlingern. Ich bekam ihn aber wieder unter Kontrolle.

Ich war aufgeregt, euphorisch, aber auch ängstlich. »Ich kann fahren, ganz alleine und selbstständig fahren!«, jubelte ich.

Auf gerader Strecke war ich für Momente völlig abwesend.

Urplötzlich hatte ich furchtbare Angst schreckte hoch, mit Blick in den Rückspiegel.

Da sah ich meine Schwester Inge auf der Rückbank sitzen. Sie lachte mich an. Dabei fielen ihr alle Zähne aus dem Mund. Sie sah mich an mit unendlich traurigem Blick. Ich werde das nie vergessen. »Ernst, sei vorsichtig, pass auf dich auf«, sagte sie. »Ich muss jetzt gehen.«

Vor lauter Schreck schleuderte ich, verlor die Kontrolle über das Fahrzeug, krachte auf eine Verkehrsinsel, säbelte das Stoppschild um, schleuderte über die Hauptverkehrsstraße hinunter in einen tiefen Graben. Dort kam das Auto zum Stehen. Ich weiß nicht, wie das alles geschehen konnte.

Ich dankte Gott für das grenzenlose Glück, dass ich noch lebte, und all den Schutzengeln, die mit mir waren. Für Momente war ich sitzen geblieben, vollkommen im Schock. Dann erinnerte ich mich an meine Schwester und schaute auf die Rückbank. Aber da war niemand. Mir war nicht das Geringste passiert, nicht der kleinste Kratzer, keine Prellungen, nichts. Ich stieg aus dem Auto, da erst wurde mir bewusst, was ich angerichtet hatte. Was hast du getan, um Himmels willen? Panik überfiel mich.

Ich rannte los quer über Feld und Wiese in den angrenzenden Wald, ohne auf meine Umgebung zu achten. Zweige schlugen mir ins Gesicht. Was sonst schmerzte, spürte ich nicht. Ich rannte und rannte, der Boden wurde immer weicher, immer lehmiger. Schließlich überquerte ich einige kleine Bäche, blieb am anderen Ufer stecken im morastigen Boden, verlor einen Schuh, zog den anderen aus, schmiss ihn weg, rannte barfuß weiter. Stürzte beim Überqueren eines Bachlaufes in das Wasser, rappelte mich hoch, und wieder rannte ich. Plötzlich stand ich außer Atem, in nasser Kleidung und mit zerkratztem Gesicht vor dem Lagerplatz, an dem alle noch schliefen. Es war still, sehr still. Das Feuer qualmte noch. Außer Atem setzte ich mich auf einen Stein am Wasser und versuchte mich zu beruhigen. Schließlich nahm ich meinen Mut zusammen, ging zu Matthias.

Wie gerne hätte ich mich in den Schlafsack gelegt und getan, als wäre nicht das Geringste geschehen. Es war so friedlich und still um mich herum. Vögel zwitscherten unbeschwert, und ich wünschte, ich wäre einer von ihnen, irgendwo oben im Geäst. Ich setzte mich neben Matthias.

»Du, Matthias, dein Auto ist kaputt.«

Er öffnete die Augen, blinzelte mich an, sagte: »Ach was, mach keinen Blödsinn.«

In seinem Gesichtsausdruck wechselten sich Ungläubigkeit, Verwunderung, dann wieder ein Grinsen ab, weil er glaubte, ich mache einen Scherz.

»Nein, wirklich, Matthias, komm, steh auf, wir müssen dahin. Sicher ist die Polizei schon da.«

Matthias zog seine Klamotten an, weckte Brian, gemeinsam liefen wir zu der Unfallstelle. Obwohl wir schwiegen, trafen sich immer wieder unsere Blicke; ich war froh, dass Matthias so gelassen war. Am Unfallort angekommen, sahen wir einige Schaulustige stehen. Die Polizei war bereits da, ich bekam große Angst, versuchte aber, mich der Situation erwachsen und tapfer zu stellen.

Wenig später saß ich mit Matthias auf dem Bad Reichenhaller Polizeirevier und erzählte, wie alles war, sah mich bereits im Gefängnis, doch Stunden später saß ich mit allen Freunden im Bürgerbräu beim Frühschoppen. Am Abend hat uns Brian mit nach München begleitet. Auf der Fahrt versprach ich Matthias, dass ich sein Auto bezahlen werde, wenn ich Arbeit gefunden hätte.

Matthias: »Das war sowieso nichts mehr wert. Mach dir darum keine Sorgen.«

Zu Hause bei Thomas angekommen, stand ich vor der Tür, überlegte einen Moment, läutete und erwartete ein großes Donnerwetter. Ich war bereit, alles, was nun kommen würde, klaglos hinzunehmen.

Thomas war sehr bedrückt, schloss mich in seine Arme und weinte.

»Hey, ich lebe noch«, sagte ich. »Es ist ja nichts Schlimmes passiert.«

»Setz dich«, sagte er. »Ich muss dir etwas sagen.«

Mir wurde heiß und kalt, mein Herz schlug heftig. Ich hatte Angst, dass er mir nun die Freundschaft kündigen und mich zurück in ein Heim schicken würde. Schweigend saßen wir eine Weile nebeneinander.

Dann nahm er mich wieder in den Arm und sagte: »Deine Schwester Inge ist tot.«

Ich spürte einen unsäglich tiefen Schmerz und brach in Tränen aus.

»Was ist passiert? Sag, dass das nicht wahr ist!«

Thomas: »Doch, leider. Sie ist heute in den frühen Morgenstunden tödlich verunglückt. Auf dem Nachhauseweg von einer Diskothek. Gemeinsam mit ihrem Freund und Freundinnen. Sie sind alle tot. Deine Schwester Karin hat mich angerufen.«

Und Inge hatte mir noch Ade gesagt, sagte ich zu mir. Aber wie sollte ich das jemandem erzählen? Es würde mir sowieso niemand glauben. Tage später stand ich bei der Beerdigung an ihrem Grab. Da wurde mir bewusst, dass meine Kinderjahre nun zu Ende waren.

Inges Beerdigung war sehr schmerzhaft. Noch viele Monate danach weinte ich, wenn ich an sie dachte. Ich hatte meine Schwester zuletzt im Krankenhaus in München gesehen, wo ich sie besuchte, wenige Monate vor ihrem Tod. Sie war Mutter geworden – und ich ein stolzer Onkel! Es war wunderschön an diesem Nachmittag bei ihr im Krankenzimmer. Ich durfte das Baby im Arm halten. Es war ein Mädchen.

Inge und ich, wir gingen oft lange spazieren. Dabei erzählte sie mir von zu Hause, von den Spannungen. Alles Dinge, die ich in der Vergangenheit selbst erfahren hatte. Ich erzählte ihr von Thomas, Verena, Wolf, Manfred und all den lieben Menschen, die in mein Leben getreten waren.

Inge war oft sehr traurig damals. Sie wohnte für kurze Zeit bei unserer leiblichen Mutter. Dort kam es zu großen Schwierigkeiten. Sie rief mich an bei Thomas zu Hause und erzählte mir von ihren Problemen. Thomas und ich beschlossen, dass wir ihr unbedingt helfen mussten. Ich fuhr alleine zur Wohnung von Mutter. Inge war sehr verstört. Ich nahm sie mit in die

Wohnung zu Thomas. Das war natürlich keine Lösung, sie konnte nicht bei uns wohnen bleiben, was ich sehr bedauerte. Nach einigen Tagen gingen wir gemeinsam zur Sozialfürsorge. Dort arbeitete eine sehr verständnisvolle Frau. Sie fand es sehr mutig von mir, bewundernswert, wie sie sagte, dass ich mich für meine Schwester so einsetzte. Ich empfand das als ganz normal, seinen Geschwistern oder Menschen überhaupt zu helfen.

Jetzt war Inge tot.

Damals habe ich meinen ersten LSD-Trip genommen.

In sakraler Zeremonie, wie in der Kirche, wenn man die heilige Hostie entgegennimmt, so wurde mir und den anderen das LSD auf die Zunge gelegt. Bei Musik von Pink Floyd. Ich streckte die Zunge heraus. Ein kleines Kügelchen, nicht größer als ein Stecknadelkopf oder eine abgebrochene Bleistiftspitze – genauso schwarz war das Ding, das ich schluckte.

Dann legte ich mich zu all den anderen Mädchen und Jungen, die auf den Matratzen lagen mit verklärtem Blick. Manche Paare waren heftig beim Schmusen, doch die meisten lagen still und friedvoll da. Die Sonne strahlte in das Zimmer, durch das offene Fenster. Ein Anblick wie auf biblischen Gemälden. Alle in diesem Raum waren wunderschön anzuschauen, strahlten grenzenlose Wärme und Liebe aus. Die Mädchen waren ganz besonders schön. Alles um mich herum bekam plötzlich extrem intensive Farben.

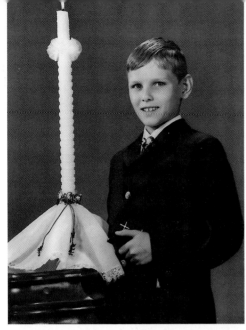

◁ 1. Meine Erstkommunion 1968

◁ 2. Einige meiner vielen Geschwister v. links Josef, ich, Lisi und Inge

◁ 3. Meine Schwester Karin (links) mit einem Nachbarskind und ich (rechts)

◁ *4. Mit 13 Jahren – glücklich, dem BKH Haar entflohen zu sein*

*5. Mein Freund Manfred, ehemaliger Pfleger von Haar, dem ich meine Freiheit zu verdanken habe, und ich, 14 Jahre*

▽

△

◁ *6. u. 7. Voller
Stolz mit meiner
roten Samt-
weste, spiegel-
bestickt mit
Silberfäden, die
mir mein lieber
Freund Wolf
schenkte*

△

*8. Als stolzer Vater mit meiner Tochter Zachai 1984*

*9. Mit Letty, Mutter von Zachai*

▽

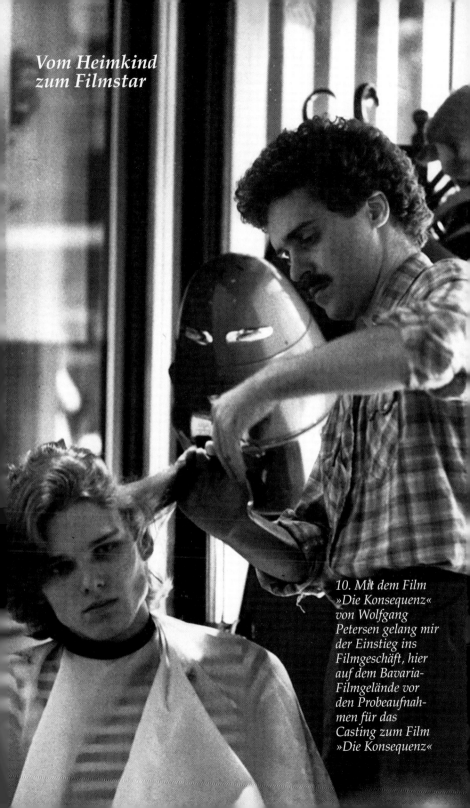

# Vom Heimkind zum Filmstar

10. Mit dem Film »Die Konsequenz« von Wolfgang Petersen gelang mir der Einstieg ins Filmgeschäft, hier auf dem Bavaria-Filmgelände vor den Probeaufnahmen für das Casting zum Film »Die Konsequenz«

▷

*11. u. 12.*
*von links:*
*Jürgen Prochnow, Autor Alexander*
*Ziegler, unsere Maskenbildnerin*
*und ich in der Vorbereitung zu den*
*Dreharbeiten in einem Gefängnis*
*in der Schweiz*

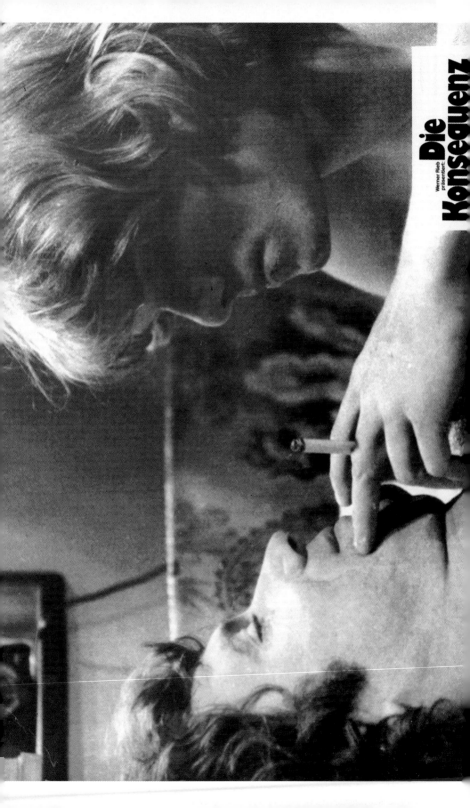

Werner Rieb
präsentiert:

# Die
# Konsequenz

△

13. u. 14. Szenen aus dem Film »Die Konsequenz«, der für viel Furore in den Medien sorgte. Jürgen Prochnow und ich in den Hauptrollen.

▽

△

*15. In meinem zweiten Kinofilm »Die Faust in der Tasche« spielte ich mit Ursela Monn und dem im Westen noch unbekannten Schauspieler Manfred Krug*

◁ *16. u. 17. Die Zeitschrift »Bravo« erhob mich zum Teeniestar und machte mehrere Fotoserien mit mir. 40 Fanclubs in Deutschland und in der Schweiz sind dadurch entstanden.*

## Die Clique, LSD und ein schöner Sommer

Sonnenstrahlen, die ins Zimmer fielen, saugten mich fort. Forderten mich auf, ihnen zu folgen. Die Musik von Pink Floyd kam von überall her, über mir, unter mir, aus mir heraus.

Noch nie zuvor erlebte ich solch einen Rausch der Sinne. Alles schien mir göttlichen Ursprungs. Alles war klar, war Mikro-, war Makrokosmos, gehörte zusammen. Ich war eins mit allem, was mich umgab, wurde ein Teil des Ganzen, gehörte in dieses Ganze, so wie dies Ganze auch in mir war. Ich glitt in Zeitlupe hinaus ins Freie. Eingehüllt in die Musik von Pink Floyd: »The Dark Side of the Moon«.

Ich schwebte mit weichen Knien die Holztreppe vom ersten Stock dieses Bauerngehöftes hinunter, wo wir uns befanden, glitt hinaus ins Freie an die frische Luft, die unbeschreiblich duftete. Bienen schwirrten laut wie kleine Modellflugzeuge. Das Gras der Wiese raschelte. Es klang wie Musik. Der Wind tanzte, blies zart in mein Gesicht, ließ meine langen Haare tanzen. Üppiges Grün sprang mir in die Augen, so heftig, so stark, mit solcher Farbenpracht, dass ich unter all diesen Eindrücken in glückseligem Rausch einen Lachanfall bekam, bis mir der Bauch wehtat. Ich ging über Wiesen voll wunderbar leuchtender Blumenpracht.

Ziellos.

Ziel, wozu ein Ziel? Ziel für was, was ist das? Es gibt kein Ziel. Sei hier im Jetzt, heute in diesem Augenblick, nur das ist es, was Bedeutung hat.

Atme dieses Blumenfeld, atme diese Luft, öffne deinen Mund, lass Sauerstoff herein.

Ich saugte diese duftende, frische Sommerluft tief in meine Lungen.

Reinige dich, atme, atme. Schau mit deinen Augen. Lass alles hinein bis in die letzten Winkel deines Körpers. Lass los von Mein und Dein.

Mein Tempel, ich habe einen Tempel, meinen Körper. Dieser ist heilig, alle Menschen sind heilige Wesen, sind wandelnde Tempel.

Nach einer Weile tiefen Versunkenseins in diesem Gedankenrausch stand ich plötzlich vor dem Wohnhaus meines Vaters.

Auf einem Hügel, vor mir vierspurige Bahngleise. Gegenüber war das Bahnhaus, wo ich vor nicht allzu langer Zeit das Kinderzimmer im zweiten Stock mit Inge geteilt hatte.

Ich schaute direkt auf das Fenster, hinter dem unser einstiges Kinderzimmer lag. Inge war mir plötzlich ganz nah. Ich konnte sie fühlen, riechen. Ich hörte ihre Stimme, ich hörte sie lachen.

Ich stand eine Weile, irgendwann blickte ich auf den Boden. Zwischen dem üppigen Blumengras, genau vor meinen Füßen lag ein kleiner, roter Mädchen-Lackschuh. Ich nahm diesen Schuh ganz vorsichtig, behutsam auf, so als sei es ein zerbrechliches, lebendiges Wesen. Hielt ihn in meinen Händen und betrachtete ihn eingehend. Bilder liefen vor meinem inneren Auge ab. So intensiv, so real, als säße ich im Kino. Bilder meiner Kindertage.

Plötzlich – ein lautes Pfeifen.

Das Signalhorn eines vorbeirauschenden Güterzuges.

Der donnerte und schepperte durch meine tiefe Versunkenheit. Ich war zu Tode erschrocken.

Ein heftiger Windstoß erfasste mich, schleuderte mich zu Boden.

Da merkte ich, dass ich direkt auf dem Bahndamm mit dem Körper dicht bei den Gleisen lag. Ich hielt den Schuh in Händen, drückte und küsste ihn. Schrie, so laut ich nur konnte, während der Zug wie ein Wesen aus der Hölle an mir vorbeidonnerte, ratterte, rauschte. Metall schlug hart auf Metall. Ich musste weinen wie nie zuvor in meinem Leben.

Ich schrie: »Vater, Mutter, ich hasse euch!«

Schluchzte: »Nein, das tu ich nicht!«

Dann schrie ich wieder: »Warum, warum nur?«

Der letzte Waggon ratterte brüllend vorüber. Die Schienen sangen noch im grellen, hohen Ton. Die Stromleitung knackte, krachte laut. Dann wurde es still wie auf einem Friedhof.

Nur das Zwitschern der heiter trällernden Vögel war zu hören. Mein Weinen und Atmen. Ich stand auf, ging den Weg, den ich gekommen war. Unter einem Baum habe ich den roten Schuh unter Tränen begraben. Symbolisch für meine Vergangenheit, meine Kinderzeit. Symbolisch auch für die Trennung von Inge.

Ich war ein Mann geworden an diesem Tag, mit diesem Erlebnis. Mit dem Beerdigen dieses Kinderschuhs, der im Grunde genommen auch ich selber war. Während des Vorgangs weinte ich alle meine Schmerzen aus mir heraus. Umarmte diesen Baum, als wäre er ein lebendiges Wesen. All meinen Seelenschmerz lud ich an ihm ab. Funkelnd im Sommerlicht raschelten seine wunderbar grünen Eichenblätter, tanzten im Wind, lispelten wild durcheinander. Erzählten mir von ihrer Kraft, der Kraft ihres Vaters, dem Baumstamm. Ich solle ihn gut festhalten. Er würde mir Trost spenden, mich befreien aus meinem inneren Chaos, zurückführen zu mir selber. Ich weiß nicht, wie lange ich da stand, diesen Baum umklammerte. Jedenfalls wurde ich im Laufe der Zeit ruhiger, die wilden Bilder in mir, welche meinen Geist über Stunden gejagt hatten, begannen langsam anzuhalten.

Mein letztes Schuljahr ging zu Ende, und ich gründete mit zwei Freunden aus meiner Klasse eine Band. Wir spielten eigene Lieder, mal bei den beiden, mal bei mir in der Wohnung. Einen eigenen Übungsraum konnten wir trotz intensiver Suche nicht finden. Meine Haare wurden immer länger, inzwischen reichten sie bis zum Ellbogen. Ich kleidete mich, wie dies üblich war in den Siebzigern. Ärmellose, rote Samtweste, mit eingearbeiteten Spiegeln und mit Silberfäden bestickt, Jeans mit weitem Schlag, Schlangenlederstiefel. Ich färbte mir den kleinen Fingernagel lila, bemalte auch ein Augenlid.

Schmuck trug ich keinen, außer einem großen Peace-Zeichen, das damals beinahe jeder umhängen hatte. Meine Lieblingsmusik war immer noch Led Zeppelin, The Doors, Janis Joplin, Jimmy Hendrix.

Es war Hochsommer, die Schule war zu Ende. Ich sollte mich entscheiden, welche Berufsausbildung ich ergreifen würde. Holzschnitzer in Oberammergau wollte ich werden. Handwerklich war ich besonders geschickt. Thomas holte Erkundigungen ein über die Bedingungen zur Aufnahme an der Holzschnitzerschule. Leider stellte sich heraus, dass meine schulischen Voraussetzungen ungenügend waren. Ich benötigte einen qualifizierten Hauptschulabschluss, den ich nicht hatte. Dafür hätte ich noch ein Jahr länger zur Schule gehen müssen. Viel zu lange, wie ich damals fand.

Heute bedauere ich das. Ich hatte durch all die Heimwechsel, vor allem aber durch den Aufenthalt in Haar, sehr große schulische Defizite, die ich nur zum Teil aufholen konnte.

Meine größten Schwierigkeiten hatte ich in Deutsch, Mathematik, Chemie und Physik. In allen anderen Fächern war ich zum Teil sogar überdurchschnittlich gut: Sport, Musik, Handwerk, Religion, Geschichte. Ich begann in der Zeit bei Thomas viel zu lesen, interessierte mich damals sehr für Che Guevara, John F. Kennedy, den Krieg der Nord- und Südstaaten, auch für China, Mao Tse-tung fand ich spannend. Aber ganz besonders interessierten mich damals die Geschichte der Französischen Revolution, Robespierre, Marie Antoinette, ihre Liebe zu Napoleon, auch sein Werdegang. Dann gab es eine Zeit, da sah ich nur noch Asterix und Obelix als das Nonplusultra der Literatur an. Alles andere erschien mir sinnloses Vollstopfen mit Informationen über vergangene, verstaubte Zeiten. Bald erkannte ich, dass Mao, Che, Ho und auch all die anderen großen »charismatischen« Egomanen aus dieser Zeit keine Heilsbringer waren, sondern Dinosaurier, die ihr Volk auffraßen. Denen man die Zähne aus dem Maul hätte schlagen müssen, damit sie nicht mehr so gefräßig sein konnten. Wie Maden fraßen sie dem Volk das Gehirn leer. Dazu plünderten sie noch das eigene Land aus, um seine Reichtümer an die angeblich so verhasste westliche Welt zu verscherbeln und sich selbst persönlich zu bereichern.

Ich glaubte an nichts und niemanden mehr, wenn ich die Bilder aus dem Krieg in Vietnam sah, glaubte nicht an die linke und nicht an die rechte Szene.

Ich genoss lieber die Sommerferien, während Thomas abends im Münchner »Eastside« kellnerte, jener Szenedisco von Sergio Cosmai und Wolfi Kornemann. Beinahe jede Nacht verbrachte ich dort, gehörte bald schon zum Inventar. Tags lag ich meist im Schwimmbad nicht weit von unserer Wohnung, nachts leistete ich Thomas Gesellschaft im »Eastside«. Viele aufregende Nächte gab es.

Die spannendste Nacht für mich war, als ich dort Robert Plant und Jimmy Page von Led Zeppelin kennen lernte.

Thomas rief mich zu Hause an: »Hey, weißt du, wer hier ist? Led Zeppelin.«

Ich schoss aus dem Bett. »Bin in ein paar Minuten da«, rief ich, knallte den Telefonhörer auf den Apparat und machte mich zurecht, als wäre ich selbst der größte Rockmusiker dieser Zeit. Geschminkte Augen, Silberketten, Ringe, auftoupiertes Haar, Schlangenlederstiefel, langer Patchworkjeansmantel mit lila Seidenfutter ...

So stolperte ich durch die Wohnung und suchte den verdammten Wohnungsschlüssel. Endlich fand ich ihn, stürzte die Treppen nach unten, verstauchte mir einen Fuß, humpelte hinaus ins Freie und schmiss mich vor das erste Taxi, das vorbeifuhr.

Nach einer Taxifahrt, die nicht enden wollte, saß ich mit Robert Plant, Jimmy Page und anderen, die ich nicht kannte, an einem Tisch. Hab mich frech, wie ich geworden war, einfach zu der Gruppe gesetzt. Stellte das Tablett, das Thomas mir in die Hand drückte, ab, als wäre ich der Kellner, und bat mit den paar Brocken Englisch, die ich konnte, um ein Autogramm. Ich war so nervös und aufgeregt, suchte verzweifelt nach Schreibmaterial. Hatte endlich Papier und Bleistift in der Hand, reichte die Dinge Robert Plant und fegte dabei das ganze Gelage vom Tisch, was ich mit totaler jugendlicher Frechheit überspielte, solcher Frechheit, dass es mir heute, wenn ich darüber nachdenke, peinlich ist. Aber Robert Plant und Jimmy Page waren sehr nett und geduldig.

Verdammter Mist, warum habe ich nicht aufgepasst im Englischunterricht! Der Lehrer hatte doch Recht gehabt, damals in der Schule!

Wie er sagte: »Irgendwann werdet ihr dasitzen wie die Kühe auf der Weide. Kaugummi kauend mit dummem Gesichtsausdruck, wenn ihr euren Idolen begegnet. Also strengt euch an, Englisch ist wichtig für euer Weiterkommen.«

Ich hatte aber leider immer etwas anderes zu tun gehabt während des Unterrichts ...

Thomas holte mich schließlich weg, weil er wohl merkte, dass die Kerle langsam genervt waren von meinem Rumgehampel. Ich spielte Gitarrensoli von Jimmy Page ohne Gitarre, Gott wie peinlich! Sie blieben aber sehr cool dabei. In den darauf folgenden Monaten lernte ich noch viele große Musiker kennen, im »Eastside«, blieb aber auf meinem Stuhl an der Bar sitzen, trank meine Cola und genoss es einfach, dabei sein zu können: Rolling Stones, Eric Clapton, Tina Turner, Pink Floyd – sie alle waren damals nach ihren Konzerten in München dort. Ich war ihnen dann immer sehr nahe, darauf war ich mächtig stolz. Manchmal, wenn mir im Schwimmbad ein Mädchen besonders gut gefiel, habe ich schon mal davon erzählt. Das war dann meist ebenso peinlich wie die Situation mit Led Zeppelin. Die Mädchen redeten von Bernd Clüver oder Roy Black und hatten keinen blassen Schimmer. »Wer ist Led Zeppelin?«, riefen sie mit kreischender Stimme. Da suchte ich das Weite. Dumme Kühe, dachte ich noch.

Die Monate gingen vorüber, Konzertbesuche mit Thomas bei: den Rolling Stones, Moody Blues, Deep Purple.

Ich arbeitete kurze Zeit im »Eastside« in der Küche als Spüler, erhielt gutes Geld dafür, kaufte mir eine elektrische Gitarre und nervte damit unsere Nachbarn und Thomas.

In diesen Sommerferien arbeitete ich auch in einer neu gegründeten Baufirma. Die Firma war mit mir ein Zweimannbetrieb. Auf einem Baugerüst aus Holz, das mein Chef und ich mit Stricken verzurrten. Es wackelte besonders, wenn man den vierten Stock erreichte. So stand ich hoch oben mit dem Presslufthammer und legte von Balkon-Balustraden den eingegossenen Stahl frei. Es machte mir Spaß, ich konnte mich richtig austoben.

Der Arbeitsplatz war nahe beim Schwimmbad. Im Rang meiner damaligen Clique von Mitschülern bin ich hoch aufgestiegen, vor allem bei den Mädchen. Ich hatte mein Schwimmzeug dabei, bin nach der Arbeit vom Gerüst geklettert und ins nur wenige Meter entfernt gelegene Schwimmbad gegangen. Dort haben sich die Mädels gezankt untereinander, weil sie auf meinem Handtuch liegen wollten, während ich vom großen Sprungbrett mutige, aber clowneske Sprünge vollführte. Tags auf dem Bau, nachts im »Eastside«

verdiente ich gutes Geld. Geschlafen habe ich nur wenig in dieser Zeit.

An Wochenenden trampte ich immer mal wieder nach Bad Reichenhall und schlief im Bahnhäuschen. Thomas hatte sein erstes eigenes Auto. Von da an fuhren wir oft gemeinsam nach Reichenhall. Kletterten auf die dortigen Berge, fuhren am Abend zurück und jobbten beide wieder im »Eastside«. Es war eine spannende Zeit. Wolf, Manfred, Sonny und alle anderen Freunde waren weiterhin um mich besorgt. Im Wechsel verbrachte ich Tage in den Wohnungen bei diesen Freunden. Dort ließen wir es uns gut gehen bei Wein, Oliven, Brot, Gitarrenmusik und nächtelangen Diskussionen über Gott und die Welt.

Der Sommer ging zu Ende.

Ich hatte einen Ausbildungsplatz nahe München am Weßlinger See gefunden auf einem Pferdegestüt als Pferdepfleger. Dabei hatte ich Höllenangst vor diesen Tieren, was nicht gerade die beste Voraussetzung war. Als Kind war ich in vollem Galopp von einem Pferd gefallen und hatte mir eine schwere Gehirnerschütterung geholt. Einige Monate wohnte und arbeitete ich auf diesem Gestüt, fuhr an Wochenenden nach München oder Reichenhall. Es gab Partys und Mädchen, jede Menge Mädchen. Ich habe sie aufgesogen, ausgesaugt wie Muttermilch. Mein Drogenkonsum wuchs, ich kiffte beinahe jedes Wochenende und schluckte Unmengen LSD.

Ich wurde vom Reitergestüt gefeuert, weil ich irgendwann total übernächtigt war von einem durchgezechten Wochenende. Ich hatte vergessen, zur Mittagszeit einem der Pferde, die ich zu versorgen hatte, nach dem Ausritt das Zaumzeug abzunehmen. Das arme Tier hatte sich in nur wenigen Stunden beim Fressen im Stall die Backen am engen Zaumzeug aufgescheuert.

Ich lag in meinem Zimmer gemeinsam mit einem Mädchen, das mit mir auf dem Gestüt arbeitete. Nach wunderschönem Sex mit ihr bin ich in den Schlaf gesunken. Von lautem Hämmern an meiner Mansardenzimmertüre wurde ich aus dem Nachmittagsschlaf gerissen. Wutschäumend stand der Eigentümer des Gehöfts vor meinem Zimmer. Nackt, verschlafen, verlegen, mit den Händen meine Scham bedeckend, blickte ich in sein hochrotes Gesicht, auf sein Gebiss das auf und nieder klapperte. »Schau dir an, was du angerichtet hast!«, schrie er mich an. »Schau dir die Schweinerei an!«

Wie ein römischer Legionär bei Asterix und Obelix – so sah er aus. Er packte mich am Arm, ich riss mich los, stolperte in meine Unterhose. Er zerrte mich die Stufen nach unten hinter sich her. Ich dachte, der dreht durch. Ich hatte ja nicht die geringste Ahnung, worum es ging – bis ich vor dem Pferd stand mit aufgescheuerten Backen. Das Tier hat mir schrecklich Leid getan. Es war noch dazu mein Lieblingspferd. Viele Abende bin ich draußen auf der Weide mit ihm gewesen. Am Abend lag ich auch manches mal bei ihm im Stall. Mein Ausbildungsplatz war jedenfalls weg. Ich fand andere Arbeit, die mir jedoch keine Freude bereitete. Mit Hubwagen habe ich den ganzen Tag Holzpaletten von Transportern geladen. Thomas hatte mir diesen Job vermittelt, in Pullach bei der Bayerischen Lagerversorgung. Der Chef war ein guter Mensch. Zwar ging mir die Arbeit nach kurzer Zeit recht aufs Gemüt, aber ich habe gutes Geld verdient.

Wolf war nach Beuerberg gezogen, einem winzig kleinen, verschlafenen Ort, wo die »Lausbubengeschichten« von Ludwig Thoma verfilmt wurden. Der Bauernhof, in dem Wolf wohnte, lag in herrlicher Voralpenlandschaft mit freier Sicht auf die Bergkette der Kampenwand. In Wolfs urgemütlicher Wohnung wurden tolle Feste gefeiert. Es gab in dieser Wohnung keinen Fernseher, nur ein altes Radio. Wolf war in seiner Jugend deutscher Jugendschachmeister gewesen. Er besaß einen zauberhaften Schachtisch mit fantastischen Spielfiguren. Stunden, manchmal Tage beschäftigte er sich mit diesem Spiel, während seine achtzigjährige, sehr rüstige Mutter Tilly in ihrem Schaukelstuhl wippte.

Geheizt war nur die Wohnstube, welche gleichzeitig Schlafstube wie auch Küche war. Die Waschküche in einem Nebenraum war ganz aus Holz, gezimmert aus alten Schwartlingen, wie man in Bayern sagt. Es stand ein Waschkessel im Raum, der mit Holz gefeuert werden musste, um das Wasser zu heizen. Im Winter wurde es bitterkalt, wenn nachts das Feuer im Kanonenofen die letzten Holzscheite knackend, zischend verzehrt hatte. Morgens leuchteten von der Sonne angestrahlt die alten Doppelfenster. Sie waren mit herrlichen Eisblumen bedeckt.

Viel Zeit verbrachte ich immer wieder bei Wolf im Haus. Es kamen alle Freunde aus diesen Tagen an Wochenenden zusammen, im Winter bei Kerzenschein und bullerndem Holzofen. Im Sommer saßen wir abends vor dem Haus am wärmenden Lagerfeuer. Das Ambiente im Haus erinnerte an die Märchen der Gebrüder Grimm oder an Wilhelm Buschs »Max und Moritz«, an die Nähstube des Meister Böck.

Ich lernte Michael kennen, der mit seinen Eltern und Geschwistern auch in Beuerberg wohnte. Seine ganze Familie war mit Wolf befreundet. In diesen Tagen, im Frühjahr zur Osterzeit, fuhr ich zusammen mit Michael auf seinem Motorroller nach Florenz. Michael war 18, ich 15 Jahre alt. Wild haben wir ausgesehen. Ich hatte mich auf seinem Motorroller sitzend zurückgelehnt an die verzurrten Schlafsäcke. Fühlte mich wie Denis Hopper und Peter Fonda in Hoppers Film »Easy Rider«. In Italien herrschte Frühlingswetter. Wir hatten die gleichen Lederboots an mit hufeisenbeschlagenen Absätzen, marschierten als Hippies durch die engen, kopfsteingepflasterten Gassen in Florenz und fühlten uns sauwohl. Die Hufeisen klapperten laut auf dem Steinboden, hallten zwischen den eng stehenden Häuserwänden. Die älteren Italiener fanden das nicht lustig, wie wir bald bemerkten.

Ich habe daraufhin meine Boots an der Piazza Michaelangelo an einen Freak aus Frankreich verkauft. Michael hat seine behalten. Ich erstand mir italienische Schleicher, was ich bald bereute. Wir biwakierten im Freien: Mal war es im Eingangsportal einer Kathedrale, dann wieder in Hauseingängen in der Stadt. Vor einer der Kirchen wurden wir eines morgens durch einen Mönch grob vom Eingangsportal verjagt. Die folgende Nacht schliefen wir wieder im Freien irgendwo auf einer Kiesbank mitten in Florenz am Fluss. In dieser Nacht wurden wir wach von strömendem Regen. Beinahe wären wir fortgespült worden in den reißenden Fluten.

Es hörte tagelang nicht mehr auf zu regnen. Michael sprach gebrochen italienisch, lernte junge Leute in unserem Alter kennen. Sie nahmen uns mit auf ein

Gehöft in den Hügeln der Toskana mit Blick auf die Stadt Florenz. Es war eine alte Ruine mit einem intakten Raum, in dem viele Hippiefamilien lebten: Frauen, Kinder, junge und alte Männer. Wir wurden herzlich aufgenommen in diese Gemeinschaft. Saßen versammelt um einen langen Holztisch und speisten gemeinsam italienische Leckereien, herrliche Pastagerichte, wunderbar duftende Salami, Schinken und Käse. Dazu tranken wir schmackhaften Rotwein, während einige junge Frauen ihre Säuglinge stillten. Die Szenerie an diesem späten Frühsommernachmittag erinnerte mich an ein Gemälde Leonardos: das Abendmahl. Ich saß in der Mitte dieses Gemäldes, blickte still um mich und genoss in tiefer Demut die liebenswerte Gastfreundschaft dieser Menschen. Nach einigen Tagen wollte ich weiterziehen, die Großzügigkeit meiner Gastgeber nicht zu sehr strapazieren. Der Regen hörte auf, es wurde wieder Frühling. Mit florentinischem Flair. Michael hatte sich in eines der Mädchen aus dieser Kommune verliebt. Er wollte bleiben. Wir verabschiedeten uns in Freundschaft, wünschten uns Glück, umarmten uns herzlich. »Wir sehen uns in München, pass gut auf dich auf!«

»Du auf dich auch!«, riefen wir uns zu, und während ich über einen Feldweg die Anhöhe hinunter ging, glänzte in weiter Entfernung Florenz in der Frühlingssonne. Die Felder dufteten nach Kräutern, die Grillen zirpten, Vögel zwitscherten. Ab und zu flog ein Fasan auf aus den Getreidefeldern und den üppigen, farbenprächtigen Blumenwiesen. Tacka-tack, tacka-tack, glucksten sie beim Davonfliegen. Ich sang »My Lady D'Abarnville« von Cat Stevens, tanzte über den Feldweg und fühlte mich glücklich und frei.

In der Stadt angekommen, hatte ich großen Hunger. Einen Riesenappetit auf Kartoffelsalat mit Schnitzel. Damals in Italien Kartoffelsalat mit paniertem Schnitzel zu finden, das war so, als suchte man das Hofbräuhaus im Vatikan. Nach einem Marathonlauf mit knurrendem Magen durch Florenz stand ich plötzlich in einer kleinen Gasse vor einem Schaufenster. Dort lag in einer Vitrine auf einem Unterteller ein Häufchen Kartoffelsalat, garniert mit einigen Scheiben leuchtend roter Salami, um die eine Horde Fliegen schwirrte.

Ich ging in den Laden, zeigte auf den Teller, zahlte ein paar Lire. Der Wirt nahm ein unter seine Achseln geklemmtes Tuch, verscheuchte die Fliegen vom Teller und gab ihn mir.

Ich verschlang das ganze Zeug mit zwei, drei Bissen. Stunden später hatte ich einen seltsam schimmeligen, muffigen Geschmack im Mund und ebensolchen Duft in der Nase, machte mir aber darüber keine großen Gedanken, obwohl mein ständiges Aufstoßen immer lästiger wurde.

In der kommenden Nacht glaubte ich zu sterben, so hundeelend war mir. Ich konnte mich kaum vom Boden erheben. In meinem Magen gluckste und gurgelte es wie in einem verstopften Abflussrohr. Von dem Gestank der Gase, die mir entwichen, wären selbst Schweine in Ohnmacht gefallen.

Mit Diarrhö, die wie Wasser aus mir schoss, saß ich zwischen Gestrüpp nahe am Fluss – mitten in der Stadt. Ich konnte kaum auf den Beinen bleiben, so zitterte mein Körper. Ich wollte nur noch nach Hause. Mein einziger Gedanke war: Thomas, unsere Wohnung und mein schönes, weiches warmes Bett.

Unter Aufbietung all meiner Kräfte gelang mir die Rückreise per Autostopp bis nach München. Zu Hause angekommen, verbrachte ich Tage auf dem WC. Dazwischen lag ich mit hohem Fieber und Schüttelfrost im Bett. Bald ging es mir aber wieder besser. Michael kam zurück, wir erzählten uns unsere Erlebnisse. Die Strapazen meiner Rückreise waren vergessen, wir lachten viel und hatten beide wunderbare Erinnerungen.

Wenige Wochen später reiste Michael wieder nach Florenz. Gerne wäre ich mit ihm gefahren, aber ich hatte kein Geld mehr.

Am Tag seines neuen Reiseantritts nach Italien gingen wir noch gemeinsam italienisch essen. Er erzählte mir von seinem Ausbildungsplatz in Florenz, den er auf einer Goldschmiedeschule erhalten hatte. Ich habe ihn sehr darum beneidet, aber ich gönnte es ihm von Herzen. Nach dem Essen gingen wir noch lange in der sommerlichen Abendstimmung der Stadt spazieren, lachten und erzählten uns gegenseitig von Erlebnissen. Nach seiner Abreise hörte ich lange nichts mehr von ihm. Bis dann die Nachricht kam, dass er mit seinem Motorroller tödlich verunglückt wäre. Ich war zutiefst betroffen. Mit den Gedanken an ihn, unser letztes Beisammensein und an unsere Italienreise schluckte ich am gleichen Tag LSD – ein Trip, der mir gar nicht bekam.

Ich glaubte mich nach nur wenigen Augenblicken inmitten eines Gemäldes von Salvador Dali zu befinden. Irgendwann stand ich in der Ruine des alten Armeemuseums und der heutigen Staatskanzlei in München. Ich saß im zerbombten Kellergewölbe, dort erschienen mir Gesichter getöteter Menschen. Ausgemergelte Gestalten mit kahl geschorenen Köpfen, die mich mit entsetzlich entstellten Fratzen anstarrten. Horden von braun uniformierten Männern mit ausgestreckt erhobenen Armen marschierten im Stechschritt durch das Gewölbe, stapften über am Boden liegende ausgezehrte, tote Körper und verschwanden im Dunkeln.

»Jetzt bin ich wahnsinnig«, dachte ich.

»Das hast du davon, du kommst nie wieder runter von dem Zeug«, flüsterte eine Stimme hinter mir.

Ich ging durch die Stadt, gelangte irgendwann in ein Wirtshaus, wo ich nichts zu suchen hatte. Die Menschen an den Tischen sahen aus wie Schweine, hatten dicke, fette Leiber, hochrote Köpfe, kauten mit voll gestopften Backen. Messer und Gabel mit Fäusten umklammert haltend, schnitten sie sich dicke Fleischstücke aus großen Schweine-Surhaxen. Sie hatten Augen so groß wie Tischtennisbälle, die ihnen aus dem Kopf quollen.

Ein Inder kam mit Zeitungen, ging von Tisch zu Tisch. Als er den Raum betrat, verstummte das brummende, murmelnde Gerede bei der Fressorgie an den Tischen. Die krokodilsköpfigen, schweineköpfigen, kuhköpfigen Menschen starrten alle auf diesen Inder. Gleich stürzen sie sich alle auf ihn ...

Das schwere Schnaufen des Schweinefleisch Fressenden erfüllte den Raum. Verängstigt entfernte sich der Inder aus dem Lokal. Einer mit dem Gesicht einer Kuh erhob sich, ging zur Tür und schmiss sie krachend ins Schloss.

Ich fühlte mich wie Daniel Düsentrieb, der eine Zeitmaschine erfand, und wollte nicht glauben, dass das Wirklichkeit war, was ich erlebte. Um mich aus dem Horror zu befreien, fing ich an zu lachen. Immer lauter, immer heftiger lachte ich diese Fratzen fort, die alle ihre Tierköpfe behielten, aber mit mir lachten ...

Meine Kleidung wurde immer wilder, mein Aussehen glich einer Figur aus dem Film »Hair«.

Ich schluckte immer noch LSD, leider nicht mehr nur an Wochenenden, sondern auch unter der Woche am Abend, nach der Arbeit. Über Wolf, mit dem ich weiterhin Kontakt hatte und enge Freundschaft pflegte, lernte ich Dorothea kennen. Wieder eine Ersatzmutter für mich. Ich zog bei ihr ein, am Münchner Stadtrand, was Thomas sehr missfiel. Sie hatte zwei Söhne, der größere Bub war nur vier Jahre jünger als ich. Aber wir verstanden uns gut, hatten viel Spaß miteinander.

# Christine – Orgasmus und Ernüchterung

Die Freundschaft mit Dorothea und mir ging etwa sechs Monate, dann ist sie in den Norden Deutschlands gezogen. Zurück in ihre Heimatstadt. Anfänglich schmerzte es mich sehr, aber ich war jung, wild und fand bald eine neue Liebe.

Thomas trennte sich von seiner Freundin. Irgendwann in dieser Zeit war ich alleine zu Hause. Da kam seine Exfreundin Christine zu Besuch. Wir unterhielten uns stundenlang über vielerlei Themen. Und irgendwie hat es da gefunkt. Ich fand sie immer schon besonders attraktiv, aber nie hätte ich es gewagt, ihr meine Gefühle zu zeigen – schon aus Respekt vor Thomas. Ich war im LSD-Rausch an diesem Nachmittag, was sie irgendwann merkte. Sie wollte auch unbedingt einen Trip haben. Nach anfänglichem Zögern gab ich ihr ein Yin-und-Yang-Löschblättchen, nicht größer als ein kleiner Fingernagel, auf dem der Mikrotropfen LSD angebracht war. Die Dinger waren so kraftvoll wie die legendären Yellow Sunshines, LSD-Trips, die in Woodstock ihre Runden machten; so farbenprächtig und chaotisch wie das Woodstock Festival, so waren auch diese LSD-Trips in ihrer Wirkung.

Es dauerte nicht lange, da lagen wir in ekstatischer Orgie eng umschlungen im Bett – eines meiner tiefsten emotionalen Erlebnisse. Bei meinem Orgasmus zerfloss ich in Milliarden einzelner Spermien, bahnte mir meinen Weg in ihr Inneres, wurde eins mit dem Kosmos, erfuhr die tiefsten Einblicke in Zusammenhänge von Leben, Tod und Gott. Gott war in mir, und mit uns war Gott. Der Orgasmus überzog mich von Kopf bis Fuß bis in die Zehenspitzen, ohne enden zu wollen. Dabei klang die wunderbare Musik von Moody Blues vom Plattenspieler.

Am Morgen trennten wir uns, gingen beide in unsere Arbeit. Als ich am Abend zurück in die Wohnung kam, war es still. Ich dachte, ich wäre alleine, ging in das große Wohnzimmer, das ein kleines Vorzimmer hatte. In diesem Zimmer befand sich wie eine mit Vorhang verdeckte Schiffskoje Thomas' Bett. Auf diesem Bett lag Thomas mit Christine eng umschlungen, laut stöhnend beim Sex. Noch vor wenigen Stunden war ich es gewesen, der mit ihr in Ekstase verschmolz. Ich war so geschockt, so fassungslos, dass ich Hals über Kopf davonrannte. In München-Schwabing kaufte ich mir eine Unmenge LSD-Trips, die ich alle auf einmal schluckte. Ich werde diese Höllenfahrt, diesen galaktischen Geistesritt, nie mehr vergessen.

Im Englischen Garten hielt ich bei einbrechender Dunkelheit einen Baum umklammert. Es versammelten sich Gnome, Kobolde und eine Vielzahl seltsamster Wesen um mich. Sie alle sah ich um und an diesem Baumstamm. An dessen Rinde, im Geäst wie auch in den Blättern. In duftender Sommerabendluft lispelten diese Blätter wild durcheinander, so als unterhielten sie sich über mich. Als die Morgendämmerung langsam über die Stadt kam, die aufgehende Sonne mit ihren wunderbar wärmenden Strahlen mein Gesicht liebkoste, stand ich erschöpft, aber glücklich immer noch an diesem Baum. Ich hielt ihn umarmt und redete mit ihm. Er war mein einziger und engster Freund.

## Amsterdam: Flowerpower, Sex & Drugs

Als ich wieder landete, fuhr ich in die Wohnung, packte einige Dinge zusammen, nahm meine Gitarre, meinen Pass, all mein Geld, das ich über Monate gespart hatte, es waren etwa dreitausend Mark, und machte mich auf den Weg zur Autobahn. Von dort trampte ich nach Essen zu Dorotheas Bruder und seiner Frau Gabi. Die beiden waren in der Zeit, als ich mit Dorothea zusammen war, Freunde geworden, gehörten zu den ganz kleinen Kreisen, die zu uns hielten. Bei diesem lieben Paar verbrachte ich einige Tage und telefonierte mit Thomas.

Ich sagte: »Ich gehe nach Amerika, ich hab keine Lust mehr auf Deutschland. Ich werde berühmt als Rockmusiker in den USA. Bevor ich das nicht geschafft habe, komme ich nicht zurück.«

Thomas war sehr still am Telefon, zeigte große Geduld, auch Verständnis. Er wusste ohnehin, dass er mich nicht halten konnte, wenn mich das Fernweh packte. Das hatte er damals auch oft genug mitbekommen. Er gab mir eine Telefonnummer von Freunden in Amsterdam, die wir im vergangenen Jahr besucht hatten.

Er sagte: »Ich werde bei den beiden anrufen, bei Marcel und Tom, und dich ankündigen. Du kannst bestimmt für einige Nächte dort unterkommen. Ich kann dich ja dann dort abholen.«

Das zeigte mir, dass er meine Absicht, nach Amerika zu gelangen, nicht ernst nahm, was mich ärgerte.

Trotzig sagte ich: »Wirst schon sehen, ich werde ein großer Rockmusiker und berühmt.«

Mit Truckern, Autos und wieder Truckern, die mich mitnahmen von Essen aus, erreichte ich in diesen Tagen Amsterdam. Es war eine wunderbare Zeit, ich fühlte mich frei wie ein Vogel, kurz vor meinem 17. Geburtstag – einfach großartig. Ich wohnte bei Marcel, der sich sehr freute, mich zu sehen, aber versuchte, mich zum Umkehren zu bewegen, nachdem er einige Male mit Thomas telefoniert hatte. Es war das Jahr 1976.

Flowerpower, Sex & Drugs und Rock'n' Roll – fuck the politics ...

Ich kaufte mir zu günstigsten Preisen die tollsten, ausgeflipptesten und schrägsten Klamotten. Kiffte mir wochenlang die Birne zu und tobte mich so richtig aus in Amsterdam. Ich konnte es einfach nicht fassen, dass man in kleinen Cafés ganz legal und offiziell Haschisch kaufen konnte. Ich bin schier ausgeflippt, als ich zum ersten Mal in so einem Laden stand.

Da hing doch tatsächlich über der Bar eine Schiefertafel, auf der mit weißer Kreide geschrieben stand: Maroc a.gr. 2.50 Gulden, Libanon a.gr. 2.50 Gulden, Afghane a.gr. 4.00 Gulden. Weiter wurde noch eine Vielzahl verschiedenster Sorten Marihuana angeboten.

Bald hatte ich aber von Amsterdam die Nase voll. Too much drugs – but less Rock'n'Roll.

In London, hörte ich immer wieder, ginge der Punk ab bezüglich Musik.

Okay, London.

## Nebel in London

Als ich ankam in Londons Victoria Station, überfiel mich großes Heimweh. Alleine und verlassen lief ich durch die riesige Stadt.

Irgendwann stand ich wie ein Verlorener im Hyde Park, bekleidet mit meiner ärmellosen, roten, samtenen, spiegelbestickten Weste, Cowboy-Boots, Jeans mit riesigen Schlag, langen, lockigen inzwischen speckig fetten Haaren. Ich hatte die Gitarre unterm Arm, saß auf einer Parkbank sang: »How many roads must a man walk down« von Bob Dylan.

Irgendwann gesellten sich zwei Jungens zu mir. Mit Händen und Füßen und meinem leider miserablen Englisch versuchten wir ins Gespräch zu kommen.

Scott und Freddy hießen die zwei, waren beide etwa um die zwanzig. Scott kam aus San Francisco, Freddy aus Mexiko. Er war Puertoricaner. Freddy hatte Bongos dabei, mit denen er göttlich spielen konnte. Scott war ein Virtuose auf der Querflöte. Obwohl ich Autodidakt war, keinen blassen Schimmer vom Notenlesen hatte, schafften wir es, zusammen zu spielen, und übten bald eigene Stücke ein.

Gemeinsam bewohnten wir ein Zimmer in einem Jugendhotel im Stadtteil South Kensington. Nach wenigen Tagen bekam ich dort einen Job. Ich reinigte Zimmer, und in der Küche war ich Mädchen für alles. Die Welt war in Ordnung. Ich war mächtig stolz auf mich.

Mein Ziel aber war immer noch Amerika. Monate verstrichen, mein Englisch wurde besser, das Wetter leider very much London-like: Nebeltage, Regen fiel, es begann kalt zu werden. Die Auftritte im Hyde Park wurden seltener. Die Stimmung sank bei uns allen.

Was aber das Übelste war – mein Geld rann mir durch die Finger wie Wasser. Umgerechnet fünfzehnhundert Mark hatte ich noch – nicht gerade der Geldschrank von Donald Duck, um in die USA zu gelangen! An einem besonders grauen Tag verlor Freddy seinen Job. Scott wollte zurück nach San Francisco, wir alle waren unzufrieden wussten nicht, wie es weitergehen sollte mit jedem Einzelnen von uns.

Da gingen wir am Abend gemeinsam in den Keller dieses Jugendhotels zum Essen. Es gab zwei Gerichte zur Auswahl. Wir holten uns etwas, setzten uns bedrückt hin und schlangen schweigend das fast ungenießbare englische Essen in uns hinein. Vorbei waren die Tage beim Inder oder Chinesen, wo wir viel zu oft gesessen und uns die Bäuche voll geschlagen hatten, wenn wir einige Pfund nach dem Musizieren im Hyde Park im Gitarrenkoffer hatten.

Jetzt hatten wir die Folgen zu tragen, nämlich leere Reisekassen. Während wir hungrig, aber appetitlos das Essen im Jugendhotel in uns hineinschaufelten, blieb mir plötzlich der Löffel im Munde stecken. Von der Treppe, die in meinem Blickfeld war, kamen zwei Beine, dann die Hüften, der Bauch, der Busen, schließlich das ganze Mädchen heruntergeschwebt. Eine Fata Morgana!

Ich sah dieses Mädchen mit seinem langen, kastanienfarbenen, glänzenden Haar. Ihre mandelbraunen, strahlenden Augen. Ihre wundervolle Figur. Ich war so irrsinnig aufgeregt, so nervös, dass ich mein Englisch, das ich in nur kurzer Zeit recht gut gelernt hatte, total vergaß.

Ich ließ sie nicht einen Moment aus den Augen, beobachtete ihre stolze Art, einen Platz zu suchen, von dem sie sich, kaum dass sie saß, gleich wieder erhob. Sie holte sich Essen an der Küchenausgabe.

Scott und Freddy hatten das Schauspiel beobachtet. Ich rutschte nervös auf meinem Stuhl hin und her. Kaute an meinen Fingernägeln – eine ekelhafte Angewohnheit, wenn ich nervös war. Mir wurde im Wechsel erst heiß, dann kalt. Ich hatte zuvor kaum je Probleme gehabt, ein Mädchen anzusprechen. Doch jetzt hatte ich sämtlichen Mut und, wie es schien, auch die Sprache verloren.

Scott und Freddy neckten mich fortwährend. Mit zunehmender innerer Anspannung führte mich jemand mit unsichtbarer Hand auf den Tisch des Mädchens zu, während in meinem Kopf englische Redewendungen spukten.

How are you? Hey, ich bin ... My name is Ernest. How do you do? Would you like us to enjoy ourselves?

All solche Sachen surrten durch meinen Schädel, während ich mir zwischen den Tischen meinen Weg zu ihr bahnte. Klirr, krach, schepper. Ohne mich umzudrehen, ging ich weiter, nahm keine Notiz davon, dass ich mit meinem lammfellgefütterten, knielangen Ledermantel, der mir zwei Nummern zu groß war, den vollen Teller eines Mannes vom Tisch gefegt hatte. Freddy und Scott, die meine Aktion immer noch beobachteten, hatten große Mühe, diesen Kerl, dessen Teller ich vom Tisch geworfen hatte, davon zu überzeugen,

120

dass es keine böse Absicht von mir gewesen war. Ich habe davon nicht das Geringste mitbekommen.

Endlich stand ich vor dem Tisch dieser Fata Morgana. Mit einem Sausen im Kopf, Rauschen in den Ohren, trockenem Mund. Irgendwo in diesem Mund war meine Zunge. Ich konnte sie nicht aktivieren. Kein Wort kam mir über die Lippen. Das Mädchen löffelte eine Suppe, ohne mich zu bemerken, mich – der ich dicht neben ihr stand. Schließlich spürte sie meine Anwesenheit, schaute zu mir hoch.

»Hey«, sagte sie. Das klang nicht bloß wie Hey, das war wie ein ganzer Satz. Das war wie: Toll siehst du aus, du gefällst mir. Setz dich doch zu mir.

All das interpretierte ich für mich in diesen einzigen kleinen Ausruf: Hey. Sicher waren ihre Empfindungen ganz anders mir gegenüber. Vollkommen anders. Doch das interessierte mich damals nicht im Geringsten. Ich wollte sie haben, ich musste sie bekommen, sie war der Stern, der mich verzauberte.

Hey, sagte sie wieder, nachdem von mir keine Reaktion kam. Ich schluckte, hustete und räusperte mich. Pubertär verlegen, von einem Bein aufs andere tretend.

»Hey, I am Ernest«, sagte ich mutig.

»I'm Letty«, antwortete sie.

Letty – was für ein wunderschöner Name, dachte ich, traute mich aber nicht an ihrem Tisch Platz zu nehmen.

»Would you like us to enjoy ourselves tonight?«

Ich schaute schnell zu Freddy und Scott, winkte ihnen, wandte mich wieder zu Letty und sagte mit hochrotem Kopf: »We go to a Pub with live music. We will go there together, me and my friends.«

Dabei winkte ich den beiden wieder. Sie winkten zurück. An ihrem Akzent merkte ich, dass sie keine Engländerin war.

»Where do you come from?«, war meine nächste Frage.

»Holland, Amsterdam«, antwortete sie.

»Really? Oh, great, I have friends there«, sagte ich wie aus der Pistole geschossen.

»And you, where do you come from?«

»Germany«, antwortete ich.

»Ach wirklich?«, erwiderte sie daraufhin so perfekt, dass ich glaubte, sie sei eine Deutsche.

Ich blieb weiter sehr verlegen. Tatsächlich sagte sie, dass sie uns gerne heute Abend begleiten würde. Innerlich wollte ich vor Freude an die Decke springen, blieb aber megacool.

»Also, bis später dann.« Dabei lachte ich sie an, und sie lachte zurück. Dann ging ich hocherhobenen Hauptes wie ein Löwe nach erfolgreicher Brautwerbung zurück zu meinen Freunden an den Tisch. Sie waren sehr nervös wegen dem Kerl, dem ich versehentlich seinen Teller mit dem ganzen Essen vom Tisch gefegt hatte und der sehr aggressiv zu uns herüberschaute.

Am Abend besuchte ich mit Letty und meinen Freunden das Musik-Pub. Dort spielte ein Musiker namens Sting. Damals wusste ich allerdings nicht, wie bekannt der Mann mit Police noch werden sollte.

In dieser Nacht nach dem Konzert war Letty noch bei mir auf dem Zimmer, da sie ihres mit drei weiteren Mädchen teilte, wie ich meines mit Freddy und Scott. Ich hatte den beiden aber im Vorfeld gesagt, dass sie sich nach dem Konzert ein paar Stunden die

Nacht um die Ohren schlagen sollten. Scott und ich hatten das für Freddy oft getan, wenn er ein Mädchen mit auf unser Zimmer brachte.

Scott mochte keine Mädchen, er war so sensibel und wirkte zerbrechlich wie Bud Cord, der Hauptdarsteller aus dem Film »Harold and Maude«.

Ich lag noch Stunden nach dem Pub-Besuch mit Letty im Bett und fand es irrsinnig spannend. Leider war ich sehr aufgeregt und deshalb total tollpatschig, sodass Letty es sicher nicht so aufregend fand. Gegen fünf Uhr am Morgen bin ich wach geworden, Freddy und Scott lagen in ihren Betten, Letty war fort. Ich habe mich unter die Decke verkrochen und bin wieder eingeschlafen.

Heller Tag war es bereits, als ich mich aus dem Bett schälte und mir in diesem zugigen, kalten Hotelzimmer die feuchtkalte Kleidung überzog. Scott und Freddy schliefen noch fest. Ich fand auf meiner Hose einen Zettel. »Viel Glück auf deinem Weg nach Amerika! Letty.«

Darunter mit einem Herz Telefonnummer und Adresse von ihr in Amsterdam. Der Regen klatschte in Sturmböen an das große Fenster, die Bäume verloren ihre farbenprächtigen Herbstblätter, braun und speckig war mein Lederportemonnaie, das ich in Händen hielt. Ich zählte das bisschen Geld, das ich noch hatte, dreimal durch, in der Hoffnung, dass es dadurch mehr werden würde. Dann nahm ich meine Gitarre und zupfte sanft die Saiten, während ich dazu leise sang: »When you're down and in trouble and you need some love and care ...« – von Carol King.

## Down and in trouble – und Letty nicht da

Nicht lange nach Lettys Abreise wurde es sehr ungemütlich in London. Die Blätter an den Bäumen der Straßen färbten sich herbstlich. Ich hatte meinen siebzehnten Geburtstag am zwanzigsten Oktober gefeiert. Meine Stimmung war jetzt am Tiefpunkt angelangt. Ich fasste den Entschluss, wieder nach Amsterdam zu reisen. Die Musikszene und überhaupt alles sei viel besser in Amsterdam, redeten Scott und ich uns gegenseitig ein. Scott hatte Freunde in Holland. Er fand die Idee, dorthin zu reisen, auch gut. Also fuhren wir gemeinsam mit der Fähre von Dover aus nach Holland. Es herrschte stürmischer Seegang während der gesamten Überfahrt. Ich stand auf dem Vordeck und ritt durch die Wellen, während die gischtige Brandung bis an meine Füße kam. Ich genoss es. Fühlte mich wie ein Wikinger auf Abenteuerreise und habe in diesen Tagen auch so ausgesehen. Der Bartwuchs war nicht ganz so üppig, aber immerhin ein paar Härchen am Kinn schaukelten im Wind. Hinter der Scheibe im Inneren des Vorschiffs stand Scott und beobachtete mich. Wir winkten uns immer wieder zu. Er forderte mich wild gestikulierend und mit besorgtem Blick auf, in das Innere des Schiffes zu kommen. Ich lachte nur und genoss die stürmische See. Am Festland angelangt, saßen wir bald im Zug nach Amsterdam. Ich wurde zunehmend unruhiger, als wir uns Station für Station Amsterdam näherten. »Hey Scott, do you think she's married?«

Scott: »She will divorce for you, don't worry.«
Ich: »And if she has a boyfriend?«
Scott: »They will split.«
Ich: »Do you think so?«
Scott: »Sure, you're a good-looking boy.«
Meine Fantasie trieb mir Gedanken durchs Gehirn. Mensch, wenn sie verheiratet ist, möglich auch, dass sie Kinder hat. Ich wusste nichts, ich wusste nicht das Geringste von Letty. Außer, dass sie Tanzunterricht in Modern Dance gab in Amsterdam. Und ihre Adresse hatte ich.

Später Nachmittag war es bereits, als ich mit Scott vor dem Haus in Amsterdam stand, in dem sie wohnte. Die Sonne begann sich zu verabschieden bei strahlend blauen Herbsthimmel. Ich läutete, nervös von einem Bein auf das andere tretend. Keine Reaktion.

Scott und ich machten uns vor dem Hauseingang breit. Ich packte meine Gitarre aus, zupfte die Saiten und sang leise mit Scott ein paar Lieder. Zwei, drei Stunden gingen so vorbei, Scott hatte die Nase voll. Es war bereits dunkel geworden, er suchte sich eine Bleibe für die Nacht. Ich sagte, dass ich ausharren würde, bis sie käme. Scott verabschiedete sich. Wir besprachen, dass er mich bei Letty anrufen sollte.

Ich schaute Scott hinterher, wie er die Straße entlang lief, bis er an einer Biegung verschwand. Da saß ich also alleine vor dem Haus einer Frau, die ich in London kennen gelernt hatte, und wusste nicht so recht, wie es weitergehen sollte. Hunger begann meinen Magen zu kratzen. Ich wagte es aber nicht wegzugehen, um etwas zu essen, aus Angst, ich könne Letty verpassen. Irgendwann, nach endlosem Warten – es war bereits Nacht – war sie plötzlich da.

125

Ich stand auf, mein Herz klopfte wild, ich ging ihr entgegen.

Sie sah mich, blieb kurz stehen, traute ihren Augen nicht.

Die Freude, sie wieder zu sehen, war bei mir ohne Zweifel größer.

»Hey, wie kommst du denn hierher?«, fragte sie.

»Mit dem Schiff und dem Zug«, antwortete ich.

Stürmisch umarmte ich sie, was ihr, wie ich merkte, ein wenig unangenehm war.

Sie öffnete die Tür, wir gingen in das Haus, kletterten eine fast senkrechte Holztreppe hoch in einem Treppenhaus, das so schmal war, dass meine Schultern beinahe die Wände berührten. Die Wendeltreppe wand sich im Dunkeln nach oben bis in den dritten Stock. Ihre Wohnung war winzig, aber besonders gemütlich. Wenig Mobiliar, Kissen am Boden als Sitzgelegenheit, ein winziger flacher Tisch, vor dem wir uns im Schneidersitz niederließen. Ich musste auf die Toilette.

»Du musst an der Schnur vor der Tür ziehen, um Licht zu machen«, sagte sie.

Sie hatte es noch nicht ausgesprochen, da zog ich schon. Es gab einen Knall, das Licht ging an und gleich wieder aus.

Die Lampe war geplatzt

»Oh, das tut mir aber leid!«, sagte ich.

Als ich in den Wohnraum zurückkam, hatte Letty Tee gekocht. Ich bewegte mich auf meinen Platz zu, dabei stellte ich mich so ungeschickt an, dass ich die Teekanne vom japanischen Tischchen fegte. Sie ging dabei zu Bruch, und das heiße Teewasser ergoss sich auf den Teppich und wurde von den Sitzkissen aufgesaugt. Gott, wie peinlich! Kurz darauf – Handtücher und Toilettenpapier waren tropfnass vom Tee – stand ich in ihrer winzigen Küche. Letty bot mir an, ein Brot zu nehmen. Ich stand also in dieser Küchenkabine und schnitt statt ins Brot tief in meinen Finger. Das Blut schoss hervor und verteilte sich in Windeseile auf dem Brot, dem Schneidebrett und dem Fußboden.

Mein Auftritt war perfekt. Am liebsten wäre ich davongelaufen, so peinlich war mir die Situation. Woody Allen hätte noch von mir lernen können. Genauso tölpelhaft, wie er sich in seinen Filmen bewegt, so rempelte ich durch Lettys Wohnidyll. Letty blieb dabei bemerkenswert ruhig, während sie den Putzeimer zur Seite stellte, um mich dann zu verarzten.

Es wurde spät, mein verbundener Finger pochte, mein Herz schlug unruhig, während ich Lettys Erzählungen lauschte, ohne bewusst aufzunehmen, was sie erzählte. Es gurgelte in meinen Eingeweiden vor lauter Verliebtheit. In London bestand noch Harmonie zwischen uns. Hier in ihrer Wohnung aber spürte ich eine Reserviertheit ihrerseits, die mich traurig stimmte. Einfach zu blöd von mir anzunehmen, dass sich etwas entwickeln könnte zwischen uns beiden, was über einen One-Night-Stand hinausgehen würde. Immerhin hatte sie mich in England an meinem Geburtstag belächelt, als ich ihr mein Alter preisgab. Zwölf Jahre lagen zwischen uns – sie war 29. Da war aber diese elektrisierende Annäherung in dem Pub gewesen, die darauf folgende gemeinsame Nacht. Zu viel hatte ich in diese eine Nacht hineininterpretiert. Und nun saß ich mit pochendem Finger und klopfendem Herzen in ihrer Wohnung wie ein Kind vor seiner Mutter, das getröstet werden wollte.

Was tust du hier? Mensch reiß dich zusammen, sei ein Kerl! Pack sie, nimm sie, wenn sie es nicht will, wird sie es dir schon sagen ...

Solche Gedanken kreisten in meinem Hirn.

Verlegen wie ein Pubertierender bei seinem ersten Rendezvous saß ich in ihrer kleinen Wohnung auf einem Kissen am Boden. Es war Nacht geworden, Kerzen brannten, der Plattenteller drehte sich mit Musik von King Crimson. Ein offenes Kaminfeuer brannte: eine Attrappe aus Schamottesteinen, durch die Gasflammen flackerten.

Das schaute zwar romantisch aus, entsprach aber leider nicht der Situation. Letty holte Bettzeug aus einem Zimmer und legte es neben mich.

»Ich hoffe, du kannst gut schlafen heute Nacht auf dieser Matratze«, sagte sie, dabei reichte sie mir das Bettzeug.

Wie ein Mann antwortete ich: »Ja sicher, gar kein Problem, ich werde schlafen wie ein Murmeltier. Ich danke dir, schlaf gut.«

Im Licht des Gaskaminfeuers leuchtete ihr Gesicht, strahlten ihre Augen auffordernd, einladend schön. Hey, Ernst, sagte eine innere Stimme, das Bettzeug liegt neben dir, also bleib ganz ruhig. Sie bückte sich zu mir, gab mir einen freundschaftlichen Kuss, links und rechts auf die Wangen, so wie die Holländer das üblicherweise tun. Dreimal. Links, rechts, links. Dadurch war ich verwirrt und auch versucht, mich wie ein Klammeraffe an sie zu hängen. Bleib locker, Junge, ganz locker, sagte ich zu mir.

Irgendwann lag ich schließlich in meinen Schlafsack, vergraben nahe dem Kamin, dessen Gasflammen noch loderten. Ich dachte angestrengt über die Situation nach, da hörte ich aus dem Zimmer nebenan Lettys Stimme.

Wie eine Fee rief sie meinen Namen. »Ernst ...« Ich glaubte zu träumen. »Ernst ...«, rief sie wieder etwas lauter, doch immer mit zartem, melodischem Klang.

Ich wühlte mich aus meinem Schlafsack. »Ja? Was ist?«, rief ich zurück, verschluckte mich vor lauter Aufregung und musste husten.

»Komm doch mal her«, rief sie. Ich ging zu ihr, setzte mich neben sie auf den Boden. Sie lag von duftender Bettwäsche eingehüllt auf ihrer japanischen Futon-Matratze. Neben ihr brannte eine Kerze. Wir sahen uns für geraume Zeit bei flackerndem Kerzenlicht in die Augen, ohne ein Wort zu sprechen.

Dann sagte sie: »Ich glaube, ich mache einen Fehler mit dir.«

Das war wie Musik in meinen Ohren, wie heiße Milch mit Honig. In nur wenigen Augenblicken lagen wir eng umschlungen auf ihrer Matratze. Während unseres Ineinanderversunkenseins ging das Licht an. Es knallte, das Licht erlosch wieder. Die Lampe im Flur war geplatzt ...

Die Schlafzimmertür hatte ein Oberlicht, sodass das Licht vom Treppenhaus in die Schlafstube schien. Auch diese Lampe war mit einem lauten Knall geplatzt. Erst war es dunkel, dann hell. Peng! Und wieder war es dunkel. Ich fand das sehr merkwürdig, aber Letty merkte nichts davon. Eng umschlungen nach aufregendem Sex fielen wir in süße Träume. Ich zumindest. Wochen verstrichen danach im Liebesrausch zwischen Bett und Stadtbummel, Kinobesuch und Treffen mit Lettys Freundeskreis, den ich nach und nach kennen lernte.

Leider stellte ich fest, dass bei den meisten von ihren Freunden eine ständige spürbare ablehnende Haltung mir gegenüber vorhanden war. Was, wie ich erst lernen musste, nichts mit mir als Person zu tun hatte, sondern damit, dass ich Deutscher war. Deutsche waren und sind auch heute noch bei der Mehrheit der holländischen Bevölkerung, ob Jung oder Alt, nicht sehr beliebt. Bei den Alten liegt es an den Erinnerungen an die deutsche Besatzungszeit während des Krieges. Die Nationalsozialisten wüteten damals schrecklich in Holland, wo ein Großteil der damaligen Bevölkerung Juden gewesen waren. Die jungen Holländer mögen die Deutschen nicht, weil sie, wie sie sagen, so laut und gebieterisch sind. Vor allem aber, weil Deutsche engstirnige Denkmuster haben, wie die Holländer mir immer wieder sagten. Ich habe diese Art der Kritik auch später in anderen Ländern Europas oft gehört.

Es hat lange gedauert, bis meine deutsche Egozentrik damit umgehen konnte und mir klar machen konnte, was damit gemeint war. Um ein Beispiel zu nennen: In Holland werden ausländische Fernseh- und auch Kinofilme nicht synchronisiert.

Ein John Wayne spricht kein Deutsch oder Holländisch, sondern seine Muttersprache, sein amerikanisches Englisch. Ein Marcello Mastroianni spricht kein Deutsch, auch kein Holländisch in seinen Filmen, sondern italienisch.

Nachdem ich mich erst einmal an das Lesen der Untertitel gewöhnt hatte, fand ich es besonders reizvoll, die Originalstimmen zu hören. Es entstand dadurch ein ganz anderer Eindruck von den Schauspielcharakteren, manches Mal erlebte man einen vollkommen anders gearteten Film in eigener Aussagekraft – nur durch das Hören der Originalstimmen. Ich wusste beispielsweise damals nicht, dass es in Deutschland besondere Synchronregisseure gibt, um dem zu synchronisierenden Film einen eigenen, leider meist deutschen Charakter zu verleihen.

Ich verbrachte herrliche Monate in Amsterdam und bummelte über die Märkte, von denen es damals weit über zwanzig gab, alle viel größer als der Münchner Viktualienmarkt, mit unterschiedlichen Waren von Flohmarktkrimskrams bis zu Lebensmitteln. Ein wahres Paradies zum Einkaufen und Schlemmen

Ich ging auch oft ins »Paradiso«, dessen Kirchenschiff eine große Tanzfläche ist. In den Beichtstühlen, die zu kleinen Shops umfunktioniert sind, kaufte ich mir ganz legal mal Haschisch, mal Marihuana und genoss es, zu rauchen, ohne Paranoia zu bekommen. Ich konnte nicht widerstehen und habe mich durch alle produzierenden Länder gequalmt. Es waren die Siebzigerjahre, in denen der Flair der späten Sechziger noch zu spüren war. Flowerpower, Jeans mit Stickereien, in den Coffeeshops Musik von The Doors, Janis Joplin, Jimmy Hendrix bis Led Zeppelin.

Scott war noch einige Zeit in Amsterdam geblieben. Wir spielten zu Hause bei Letty Musik, während sie am Tag in der Tanzschule war, in der sie Modern Dance und andere Tanzarten unterrichtete.

Die Freiheit in Bezug auf den Drogenkonsum stieg mir und Scott zu Kopf, im wahrsten Sinne des Wortes, sodass wir bald mehr Zeit bekifft als musizierend in Lettys Wohnung verbrachten. Was langsam, aber stetig zu Spannungen führte, bis ich gezwungen war, mich nach einer anderen Unterkunft umzusehen. Wir blieben zusammen, aber Letty wollte wieder ihren Freiraum haben, was ich unter Herzschmerz hinnehmen musste. Hätte ich damals mit dem Kiffen aufgehört, wäre der Schmerz sicherlich erträglicher gewesen.

Ich telefonierte mit Thomas in München, der mir Adresse und Telefonnummer von Marcel gab, die ich verloren hatte. Ich erzählte Thomas, dass es mir sehr gut gehe und dass ich in Holland bleiben möchte. Er rief bei Marcel an, um mich anzukündigen. Tage später bin ich dort bei ihm eingezogen, hatte ein Zimmer für mich alleine und fühlte mich wohl. Langsam kam meine Selbstständigkeit zurück, vor allem gewann ich emotional Abstand zu Letty. Es war ein ständiges Mich-an-sich-Ziehen und dann Mich-wieder-Wegschieben. Höchst kompliziert und verwirrend für mich.

Ich war jung, wollte keine zwischenmenschlichen Konfliktsituationen und war diesen auch gar nicht gewachsen. Letty ihrerseits suchte einen gleichwertigen Partner, der ich gerne gewesen wäre, wegen meiner damaligen jugendlichen Unreife jedoch nicht sein konnte. So gab es zwischen uns stundenlange Diskussionen wie in den Beziehungsdramen von Woody Allens Filmen. Ich wollte unsere Konflikte auf sexueller Ebene lösen wie Woody Allen in seinen Filmen mit Mia Farrow. Letty, wie Farrow, dagegen mit dem Kopf. Unser Sex beschränkte sich nicht nur auf Lust und Triebe, wenngleich es hier höchst erregende Momente gab. Letztlich aber waren wir im ständigen Wechselbad heißer und kalter Duschen unserer Emotionen, was über Monate andauerte, beiderseitig an den Nerven zehrte und unsere Seelen leer saugte. Unser Sex blieb das einzige Entspannungsventil.

# Hey, möchtest du 'ne Filmrolle?

In dieser Zeit des monatelangen Dolce Vita in Amsterdam mit Sex, Drugs und Rock 'n' Roll erhielt ich nach längerer Zeit überraschenderweise einen Anruf von Thomas. Und wie es so seine Art war, kam er ohne Umschweife direkt auf den Punkt.

»Hey, Ernst, möchtest du die Hauptrolle in einem Kinofilm?«

Ich glaubte zu träumen, wollte an die Decke springen vor Freude. »Ist das wirklich wahr, bist du am Telefon, Thomas?«, rief ich. »Verarschst du mich?«

»Nein, jetzt bleib ganz cool und hör zu!«

Thomas arbeitete schon länger für verschiedene Filmproduktionen. Angefangen hatte er damals als Kabelträger und als Aufnahmeleiter in der Bavaria. Über Umwege hatte er erfahren, dass ein Darsteller für eine Filmrolle gesucht wurde, und dabei an mich gedacht. Er erzählte mir in kurzen Stichworten die Geschichte aus dem Buch »Die Konsequenz« von dem Schweizer Schriftsteller Alexander Ziegler, Autor eines autobiografischen Romans, der Züge meiner eigenen Lebensgeschichte hatte. Dieses Buch sollte verfilmt werden.

»Komm nach München, nimm den nächsten Zug, der Regisseur Wolfgang Petersen erwartet dich!«

Nach unserem Telefonat sprang ich wie ein toll gewordenes Kind durch Lettys kleine Wohnung, wo ich gerade war – in einem Freudentaumel, so als hätte ich den Vertrag schon in der Tasche.

Tags darauf saß ich be     München, wohin ich
mit dem Nachtzug gereis      abei hatte ich wieder
einmal ein Schockerlebn      ich Zöllner aus dem
Zug holten. Ich stand j      er noch auf der Fahndungsliste. Einige Stu      verbrachte ich in einer
Zelle, bevor man mich      rreisen ließ, nachdem mit
dem Sozialfürsorgear      München und Thomas telefoniert worden war.

Am nächsten Tag      ich mich in den Bavaria-Stu-
dios in Geiselgaste     ein – nach einer schlaflosen
Nacht, die ich bei T omas zu Hause verbracht hatte.
Mein Zimmer dort  ar unverändert geblieben, so als
wäre ich nur kurz vor der Türe gewesen. Schön war
es, Thomas wiede zusehen.

Wir unterhielten uns die ganze Nacht hindurch bis
in den frühen M rgen. Er erzählte mir von Alexander
Ziegler, dem Au or des Buches, sprach über Wolfgang
Petersen, den I egisseur, und Bernd Eichinger, den
Produzenten, ( e gemeinsam das Buch verfilmen
wollten.

Ich war seh aufgeregt am darauf folgenden Tag in
der Kantine a dem Filmgelände der »Bavaria«. Dort
saß ich mit ü er hundert anderen Jungen in meinem
Alter. Wir w rteten auf das Eintreffen von Wolfgang
Petersen. Es vurde erzählt, dass die Suche nach dem
Jungen, der die Hauptrolle spielen sollte, schon seit
Monaten int nsiv geführt worden sei.

Bis auf neinen nervösen Magen fühlte ich mich
recht gut nd beobachtete das hektische Treiben in
dieser Kar ne, die zu einem Casting-Büro umfunktioniert wor en war. Es wurde frisiert, geschminkt, par-
fümiert und gepudert wie im »Moulin Rouge« in Pa-
ris.

Seit dem Morgen war is in bereits in der Kantine, gegen Mittag kam Petersen ar. große Hektik und Unruhe
entstand. Es war laut wie da einem Hühnerstall. Petersen ging geradewegs auf mich zu, gemeinsam mit
Thomas, der uns einander vorstellte.

Petersen wollte mit mir e en Spaziergang über das
Bavaria-Gelände unternehn ni was wir auch taten. Er
bat mich, ihm von mir zu e en. Gegen Nachmittag, als wir zum wiederholt ale an der Kantine
vorbei spazierten und ich ihm ziemlich alles über
mich erzählt hatte, sagte er zu m

»Wir machen den Film zusamm n, hast du Lust?«

»Ja – und wie!«, antwortete ich und hätte vor Freude am liebsten einen Purzelbaum ge chlagen. Wir verabschiedeten uns mit einem Handschlag

Es war atemberaubend, es war un eschreiblich, ich
kann es nicht in Worte fassen, zwischen ohnmächti-
gem Taumel und einer unbeschreiblichen Glückselig-
keit ging ich nach dem Gespräch mit Petersen in den
angrenzenden Wald auf dem Bava a-Filmgelände,
suchte mir einen passenden Baum, de ich umarmte,
festhielt und weinte vor Freude und Glück. All die
Trauer, all der Schmerz und vor allen die Wut aus
meiner Kindheit entwichen in diesem Augenblick und
ich war glücklich, wie selten in meinem Leben, das
sich von einem Tag auf den anderen schlagartig ver-
ändern sollte ...

# Der erste Film

Taumelnd vor Freude ging ich zurück in die Kantine. Dort fiel ich Thomas um den Hals. Kurz darauf saß ich in der Stadt im Büro bei Bernd Eichinger und führte das Vertragsgespräch. Mit Thomas hatte ich besprochen, dass ein Betrag von zehntausend Mark eine angemessene Summe für mich wäre – für diese Rolle und die damit verbundenen Anforderungen. Allerdings war mir klar, dass so eine Chance nur einmal kommt im Leben, und ich hätte diese Rolle auch gratis gespielt.

Eichinger verließ das Büro, als ich ihm die Summe nannte. Es war noch ein Produktionsleiter mit dabei, er blieb und riet mir, von dieser Summe Abstand zu nehmen. Andernfalls sähe er keine Chance für mich, die Rolle des Thomas Manzoni in dem Film zu erhalten.

Schließlich einigten wir uns auf eine Pauschale von siebentausend Mark brutto für eine Drehzeit von zwei Monaten. Wenige Tage später begann meine Filmkarriere mit meinem ersten Tag vor der Kamera. Gedreht wurde bei Starnberg in der Nähe von München, in einem großen alten Gebäude, das ehemals ein Altersheim oder Krankenhaus gewesen war. Dieses Gebäude wurde für diesen Film zu einem Zöglingsheim.

Die Dreharbeiten gestalteten sich für alle Beteiligten sehr schwierig. Besonders für Petersen, der eine enorme Geduld mit mir haben musste, wofür ich ihm sehr dankbar war und heute noch bin. Im Taumel des

Erfolges, der Vorschusslorbeeren angesichts der gedrehten Sequenzen, wurde ich zunehmend arroganter – jedenfalls in den Augen vieler Mitarbeiter. Ich war jung, gerade mal 17 Jahre alt geworden, und trotz meines vorangegangenen kurzen doch ungewöhnlich spannenden Lebens noch sehr naiv.

Wir drehten einen Film über homosexuelle Liebe, die authentische Geschichte des Autors. Während der Drehtage hörte ich von vielen Leuten des Teams spitze Bemerkungen. Beispielsweise: »Heute kommt der Autor des Films, Alexander Ziegler. Vor dem musst du dich in Acht nehmen, der ist nämlich wirklich schwul und fasst kleinen Jungen an den Schwanz.«

Viele derartige Sticheleien gab es in diesen Tagen. Ich war sehr irritiert. Ich spielte die Hauptrolle neben Jürgen Prochnow, erfuhr aber von Alexander Ziegler, dass ich extrem unterbezahlt sei und andere Darsteller eine weit höhere Gage bekämen als ich. Alles das verunsicherte mich mehr und mehr. In der Schweiz erfuhr ich schließlich, dass der TV-Film »Die Konsequenz« (diese Bezeichnung stand so in meinem Vertrag) ein Kinofilm werden sollte. Es wurde auf 35-mm-Film gedreht. Ich hatte davon keine Ahnung, informierte mich. Es wurde mir bestätigt, dass dies für einen TV-Film unübliches Material sei und meist nur für Kinofilme verwendet würde. Ich fühlte mich betrogen. Immer wieder hörte ich, ich sei schlecht bezahlt und beraten worden.

So mochte ich nicht weiter mitwirken an diesem Film, ich wurde krank. Die Dreharbeiten mussten unterbrochen werden. Mit Telefonaten und Besuchen von Mitarbeitern des Filmteams bombardierte man mich. Man umwarb mich und schmeichelte mir, brachte mir Eis und Süßigkeiten wie einem kranken Kleinkind. Schließlich bekam ich die Zusage, dass ich dreitausend Mark mehr Gage erhalten sollte – was mich tatsächlich überraschend schnell gesund werden ließ.

Nach Fertigstellung des Films war kurze Zeit später die Premiere in einem Münchner Kino: Riesenerfolg, tosender, nicht enden wollender Applaus. Das setzte sich über Wochen in allen großen deutschen Städten fort, die wir bereisten, um »Die Konsequenz« vorzustellen. Bei einer der Podiumsdiskussionen, die im Anschluss geführt wurden, stand ich an der Seite von Wolfgang Petersen, Jürgen Prochnow, Alexander Ziegler und anderen Mitwirkenden des Films auf der Bühne. Ich wurde aus dem Zuschauerraum gefragt: »Wie haben dir die Dreharbeiten gefallen, willst du weiterhin Schauspieler bleiben?«

Der ganze Saal applaudierte.

Ich antwortete: »Ich weiß es nicht. Die Dreharbeiten waren sehr anstrengend. Schauspielen ist wie eine Hurerei. Man verkauft seinen Körper und seine Seele.«

Ein Raunen ging durch das Publikum, dann herrschte für Sekunden Totenstille. Petersen schaute mich mit hochrotem Kopf an, nahm mich zur Seite und ergriff das Wort.

Petersen: »Ich glaube, der Ernst wollte sagen ...«

Ich habe nicht mehr hingehört und die Bühne verlassen ...

An den darauf folgenden Tagen bin ich mit einer Mitarbeiterin des Filmverleihs in ihrem VW-Käfer nach Berlin gefahren. An der Beifahrertüre war das kleine Dreiecksfenster kaputt, die Heizung funktionierte nicht. Bei eisiger Kälte, die mir dauernd ins Gesicht blies, erreichten wir Berlin. Es war bereits Winter. Ich schlief in einer schäbigen Pension, in der es ebenso kalt war wie im Auto.

An den Feiern, die immer im Anschluss an die Vorführung des Films stattfanden, zeigte ich jetzt stets braves Lächeln und freundliche Heiterkeit für die Presse. Abends war ich immer alleine im Hotel. Der Film war sowohl beim Publikum als auch in den Medien ein sehr großer Erfolg, obwohl er zur damaligen Zeit ein Tabu-Thema zeigte.

Wolfgang Petersen habe ich erst nach fünfundzwanzig Jahren wiedergesehen bei der Premierenfeier seines Filmes »In the Line of Fire« mit Harrison Ford in der Hauptrolle.

In dem Tumult der riesigen Menschenmenge habe ich es geschafft, mich bis ganz nach vorne an die Absperrung zu arbeiten. Als wir uns gegenüberstanden war die Freude bei mir sehr groß, ihn zu sehen.

Ein kurzer Handschlag: »Spielst du denn noch?«, war seine Frage.

Petersen, so hatte ich den Eindruck, war sehr überrascht mich zu sehen. »Ja, ich spiele immer mal wieder«, sagte ich beinahe genauso verlegen wie bei unseren ersten Treffen in den Bavaria-Filmstudios vor zwanzig Jahren. Schade, dass wir nicht mehr Zeit füreinander hatten, aber so ist das Geschäft. Er musste ja schließlich seinen Film präsentieren, der wie alle seine Filme gigantisch gut war.

Wenn ich damals gewusst hätte, wie viele Parallelen es im Leben von Bernd Eichinger, dem Produzenten des Films »Die Konsequenz«, und mir gab, dann wäre sicher alles anders für mich gekommen, denn wir wären sicher anders miteinander umgegangen. Ich habe mich damals in meiner dummen jugendlichen arroganten Art gehörig daneben benommen, was bei Bernd Eichinger hängen blieb. Da bin ich mir sicher. Ich bewundere seine Leistung als Produzent sehr. Leider wurde ihm die Anerkennung, die er verdient hat, bis heute nicht zuteil. Irgendwann wird sich das aber ändern, da bin ich mir sicher.

Ich hatte viele Jahre später ein Casting für den Film »Der Name der Rose«, den auch Bernd Eichinger produzierte.

Ich sollte die Hauptrolle spielen, an der Seite von Sean Connery. Leider habe ich die Rolle nicht bekommen. Ich habe das sehr bedauert. Ich hatte in den kommenden Jahren noch viele unzählige Filmangebote für Rollen, die nicht zustandekamen. Ich traf mich mit Regisseur Robert von Ackeren. Es gab wirklich ganz große Filme, bei denen ich von Agentenseite als Hauptdarsteller vorgeschlagen war. Ich hörte dann aber wochenlang nichts mehr nach diesen Treffen, und die Rollen waren am Ende mit anderen Darstellern besetzt.

Es ist nicht leicht in diesem Geschäft, wenn man sich mal daneben benommen hat.

In Berlin sprach mich nach einer Vorführung eine Frau Namens Lie Bonk an. Sie wollte mich gerne managen. Ich unterzeichnete mit ihr einen Vertrag. Nur wenige Wochen später wurde ich für einen Kinofilm an der Seite von Manfred Krug engagiert, der damals gerade aus der DDR eingereist war. Ursela Monn spielte in diesem Film meine Freundin. Manfred Krug stellte einen Pfarrer dar, und ich spielte die Hauptrolle als rebellischer Junge in der Berliner Hausbesetzerszene. Der Film hieß: »Die Faust in der Tasche«.

Drei Monate lang lebte ich in Berlin. Letty kam und wir mieteten uns ein Apartment im Ravennahaus. Die Dreharbeiten waren noch anstrengender als die zur »Konsequenz« – meine Gage war allerdings fünfmal so hoch, was wiederum vieles ausglich. Ich spielte eine völlig andere Figur, an der ich in Zusammenarbeit mit dem Regisseur Max Wilutzki arbeiten und feilen konnte. Ich musste viele Pressetermine absolvieren, war in Magazinen auf der Titelseite abgelichtet und hatte viele Fanklubs.

# Drehtage in Rom

Im Anschluss an den Film in Berlin drehte ich meinen dritten Kinofilm in Italien. In diesem spielte Marcello Mastroianni die Hauptrolle. Ich hatte eine winzige Rolle, bekam aber eine astronomische Gage. Mit Italienern in Filmen zusammenzuarbeiten ist für jeden Schauspieler ein wunderbares Erlebnis. Dort wird man als Künstler geehrt, verehrt und geliebt. Ich war also im internationalen Filmgeschäft. Durfte hineinschnuppern, es war unglaublich, ich taumelte im Freudenrausch – leider auch in meinem ersten Kokainrausch.

Ein Schauspielerkollege, den ich sehr mochte, gab mir das Zeug. In heißer, römischer Sommernacht. Beim ersten Mal habe ich überhaupt nichts damit anfangen können. Außer einer pelzig tauben Lippe, Schweiß in den Händen und Herzklopfen spürte ich nichts. Ich saß verwundert in einer Ecke des Zimmers der Pension in Rom, während alle anderen sich die Nasen voll schnupften, sich in egozentrischen Redeschwallen ergingen.

Letty war unterdessen hochschwanger und in Amsterdam zurückgeblieben. Unwahrscheinlich aufgeregt war ich in diesen Tagen im August 1978. Letty erwartete unser erstes Baby!!!

Ich konnte meinen letzten Drehtag kaum erwarten, wollte nach Amsterdam zu ihr und unserem noch ungeborenen Kind. Ein Mann war ich geworden, selbstständig, auch selbstsicher, glaubte ich. Eine besonders schöne Zeit verbrachte ich im hochsommerlichen Rom. Erinnerungen wurden wach. Ich dachte an Michael, meinen verstorbenen Freund, mit dem ich meine erste Italienreise unternommen hatte.

Ich vermisste Letty sehr, es war eine lange Trennung von meiner hochschwangeren Liebsten. Wir telefonierten mehrmals täglich, sodass dadurch mein ganzes Tagesdiäten-Budget in Höhe von achtzig Mark verbraucht wurde – in Lire natürlich. Ein Riesenbündel Geldscheine steckte immer in meinen Hosentaschen. Ich hatte zu dieser Zeit keine Geldbörse. Ebenso fehlte mir der Bezug zum Geld.

Geld ist ein Mittel, das Wünsche befriedigen helfen kann, doch keinen Seelenfrieden bewirkt, egal wie viel man davon besitzt. Nur Freunde und Gesundheit sind die wirklichen kostbaren Dinge im Leben. Und die sind mit Geld nicht zu kaufen. Diese Erkenntnis half mir zwischendurch immer wieder auf den Boden zurück.

An den Tagen des errechneten Geburtstermins unseres Kindes wollte ich nach Amsterdam fliegen. Es stand in meinem Vertrag, dass ich hierfür von den Dreharbeiten freigestellt würde. Ich war seit beinahe zwei Monaten in Rom und freute mich sehr darauf, Letty wiederzusehen. Der Film war überraschend schnell abgedreht. Freudig fuhr ich nach Drehschluss ins Hotel, um meinen Koffer zu packen und schnellstens zum Flughafen zu gelangen. Dort erfuhr ich in der Schalterhalle, dass es keine einzige Maschine gebe, die in Rom oder anderswo in Italien abfliegen würde. Es wurde gestreikt. Und wenn in Italien gestreikt wird, dann richtig. Keine Flüge, keine Bahn, nichts bewegte sich. Ich war auf 180, weil der Taxifahrer ganz offensichtlich über den Streik Bescheid gewusst, mich aber aus gutem Grund nicht darüber informiert hatte. Immerhin kostete die Fahrt einen Haufen Geld ...

Ich stand nun in einer leeren Abflughalle wie bestellt und nicht abgeholt und machte mich auf die Suche nach einem besetzten Schalter. Es war gespenstisch. Nicht eine Menschenseele begegnete mir. Ich verließ das Gebäude wieder. Gähnende Leere, kein Taxi weit und breit. Es war wirklich sehr merkwürdig. Brütende Hitze, die Grillen in den umliegenden, von der Sonne verdorrten Feldern zirpten so laut, dass mir die Ohren wehtaten. Zu Fuß machte ich mich auf den Weg über flirrenden Asphalt. Schweißgebadet, mit trockenem Mund und unvorstellbarem Durst erreichte ich nach langem Fußmarsch die Hauptstraße. Dort angelangt, setzte ich mich auf meinen Koffer in den Schatten einer Akazie, in der Hoffnung auf ein Taxi oder ein Privatauto, das ich anhalten könnte. Nach endlosem Warten kam tatsächlich ein Taxi angerauscht. Ziemlich genervt und verärgert stieg ich ein.

»Signore, per favore – wie lange wird ihrer Meinung nach dieser Streik dauern?«, fragte ich den Fahrer.

»Ich kann es Ihnen nicht sagen, einen Tag, eine Woche, einen Monat«, antwortete er auf Italienisch.

»Ausgerechnet jetzt, wo ich Vater werde!«, brummte ich auf Englisch vor mich hin.

»Sie werden Vater«, antwortete er in gebrochenem Englisch und drehte sich zu mir um, ohne auf den Verkehr zu achten. »Ich gratuliere!«

Dabei steuerte er den Wagen einfach blind durch den römischen Stadtverkehr. Wie er das schaffte, ohne einen Unfall zu bauen, bleibt ein Rätsel.

»Fahren Sie doch mit dem Zug«, sagte der Taxifahrer.

»Ja, geht denn überhaupt ein Zug, wo doch gestreikt wird?«

Er redete mit Händen und Füßen, typisch italienisch. Es war nicht einfach, ihm dabei zu folgen. Immer wieder schimpfte er auf den Verkehr, dazwischen drehte er sich zu mir nach hinten um. Er erklärte mir einige Sehenswürdigkeiten Roms, die mich zu diesem Zeitpunkt nicht im Mindesten interessierten.

»Also zum Bahnhof bitte. Fahren Sie zum Bahnhof.«

»Zum Bahnhof, si signore.« Dabei wusste dieses Schlitzohr bestimmt, dass auch dort gestreikt wurde, was mir aber zu diesem Zeitpunkt noch nicht bekannt war. Schließlich endete unsere Fahrt im Hotel, nachdem wir am Bahnhof vorbeigefahren waren. Natürlich wurde auch dort gestreikt. Im Hotel sagte man mir, dass mein Zimmer bereits vergeben worden sei und kein anderes mehr zu haben wäre. Mit italienischem Charme und breitem Zahnweißlächeln eröffnete mir dies der Portier. Mir war heiß, ich schwitzte, war hungrig, hatte Durst und stand kurz vor einer Explosion. Ein anderer Portier, mit dem ich mich in den zurückliegenden Wochen angefreundet hatte, nahm mich zur Seite und bot mir an, bei ihm zu übernachten. Dankbar nahm ich an, ging mit ihm die Treppen des Hotels bis ganz nach oben. Schweiß lief mir aus allen Poren. Sein Mansardenzimmer war ein winzig kleiner Raum. Bett, Stuhl, Kleiderschrank – sonst nichts. Die Wände waren beklebt mit einer rosafarbenen Tapete aus dem letzten Jahrhundert. Ein Waschbecken gab es noch, alt und abgenützt wie das Hotel.

»Schläfst du in meine Bett«, sagte der Portier.

»Und wo, bitte, schläfst du?«, fragte ich verwundert.

»Ist sich keine Probleme, Ernesto, bei meine Familie. Aber gibst du mir etwas, okay?«, sagte er.

Ich hatte keine Ahnung, wie viel Geld ich ihm geben sollte. Ich kam mit der Lire-Umrechnung immer noch ins Schleudern. Ich fasste in meine Hosentasche, griff ein Bündel zerknitterter Geldscheine.

Ich: »Nimm dir, was du brauchst.«

»Nehm ich diese und diese, okay, Ernesto?«

Ich hab nicht darauf geachtet, welche Banknoten es waren. Ich sagte nur: »Ja sicher, selbstverständlich. Reicht das denn?«

»Si, si, Ernesto. Jetzt machst du dir gemütlich, ich musse arbeiten.«

Und er ging. Ich blieb zurück in diesem muffigen Mansardenzimmer bei 32 Grad Außentemperatur, sicher 40 Grad in diesem Zimmer. Nachdem ich versucht hatte, mich etwas auszuruhen, was mir bei dieser Bullenhitze nicht gelang, ging ich hinunter in die Lobby. Dort fragte ich, ob ich telefonieren könne.

»Sicher können Sie, Signore«, sagte der Portier. »Aber, scusi, Telefon nix funktionieren. Etwas später wieder nix mehr kaputt.«

Ich schaute ihn lange und ungläubig an, er hob seine Schultern. »Scusi, signore«, lächelte er mit mediterranem Charme, sodass ich ihm nicht böse sein konnte. Schließlich war er ja Portier und kein Techniker der Telefongesellschaft, so beruhigte ich meine Gedanken und Nerven, die mich an die Decke treiben wollten. Ich ging auf die Suche nach einem Telefon. Doch wie das eben so ist, wenn man eines braucht – es ist wie mit den Taxis. Nachdem ich den halben Stadtteil abgelaufen war, entdeckte ich eine Telefonzelle, in deren Innerem man ein Spiegelei hätte braten können.

»Hey, Letty, wie geht es dir, ist alles in Ordnung?«

»Ja, es geht mir gut«, antwortete sie.

»Du, stell dir vor, ich bin fertig mit dem Dreh. So schnell hatte ich gar nicht damit gerechnet. Leider kann ich nicht kommen, denn in Italien streiken die Fluglotsen, Piloten, die Bahn, ich weiß nicht, was noch alles.«

Keine Antwort, bedrücktes Schweigen. Dann sagte sie: »Weißt du, es kann jeden Moment kommen.«

»Ich weiß, ich weiß«, rief ich in die immer schlechter werdende Verbindung. »Wenn alle Stricke reißen, nehme ich ein Taxi.«

Sie lachte. »Du bist verrückt.«

»Das weiß ich. Also mach dir keine Sorgen, ich komme auf jeden Fall so schnell wie möglich.«

Klack. Das letzte Münzstück war durchgefallen, das Gespräch unterbrochen.

Zurück im Hotel ging ich im Zimmer unruhig auf und ab wie ein Tiger in seinem Käfig. Suchte nach Ablenkung. Ich war aufgeregt, wütend und stocksauer auf die streikenden Italiener. Ausgerechnet jetzt mussten sie streiken, wo ich Vater wurde! Unentschlossen vor dem Spiegel stehend, wusste ich nichts mit mir anzufangen. Pickel ausdrücken, rasieren oder Haare waschen. Was sollte ich tun? Kämmte meine langen Haare und begutachtete die Spitzen, die von der Sonne ausgebleicht waren. Ich ging in die Lobby, fragte nach einer Schere. Kurz darauf kam der Portier zurück. In seinen Händen eine Schere – so ein Riesending hatte ich noch nie zuvor gesehen.

»Haben Sie es nicht auch etwas kleiner?«, fragte ich.

»No, scusi, Signore.«

»Na ja, dann mal so«, dachte ich.

Ich nahm die Schere, stieg wieder hoch zu meinem Zimmer, fluchte und schimpfte vor mich hin.

Im Zimmer stellte ich den Spiegel auf den Fenstersims. Dann begann ich zaghaft und zögerlich, an den Spitzen zu schnippeln. Beinahe stach ich mir dabei ein Auge aus, weil die Schere so groß war. Das Schnippeln wurde zum Schneiden, das Schneiden endete in radikalem Kahlschlag. Wie ein schlecht gerupftes Huhn stand ich nach etwa einer Stunde vor dem Spiegel. Grauenhaft. Mir blieb nichts weiter übrig, als meinen Rasierapparat zu nehmen, um das Werk zu vollenden.

Mit gerötetem Kopf, kleinen wie auch größeren Schnittwunden, braun gebranntem Gesicht und schwanenweißem Nacken ging ich hinunter in die Lobby, um die Schere zurückzugeben.

Es fehlte nicht viel und ein Krankenwagen wäre nötig gewesen, um jene abzutransportieren, welche mir auf dem Weg zur Lobby begegneten. Dort war die Reaktion der Anwesenden viel sagend.

Schließlich begegnete ich ausgerechnet noch Angela Molina, meiner spanischen Filmpartnerin. Sie wohnte im selben Hotel.

Sie sah mich, schrie, lachte und schrie wieder.

»No, Ernesto, no, no!«

Verunsichert machte ich mich schließlich auf den Weg in die Stadt, um mir einen Hut zu kaufen. Am Spätnachmittag kam ich sehr italienisch zurück ins Hotel: Weißer Seidenanzug, schwarzer Paganini-Hut, weiße italienische Lackschuhe, einfach perfekt.

## Und jetzt: die Vaterrolle

So stand ich wenige Tage später in Amsterdam in unserer Wohnung vor Letty – ohne Vorankündigung.

Letty legte sich auf den Boden, die Wehen setzten ein.

Ich alarmierte den Krankenwagen, war unbeschreiblich aufgeregt und für Letty sicher keine Hilfe. Höflich wurde ich im Krankenhaus von einer Schwester gebeten, ich möge doch gehen. Letty brauche Ruhe, es würde noch dauern, ich solle mir keine Sorgen machen. Die hatte ich aber. Es war Lettys erstes Kind. Sie war immerhin schon neunundzwanzig, und wie die Ärzte uns sagten, wäre eine Erstentbindung in diesem Alter nicht ganz selbstverständlich komplikationslos.

Ich ging in die Stadt, unweit des Krankenhauses setzte ich mich in ein Terrassencafé.

Strahlendes Hochsommerwetter, 16. August. Im weißem Anzug, schwarzem Hut, darunter meine Glatze, die schwitzte, brannte und juckte, ich trank einen Whisky, einen zweiten und dritten. Schwankend machte ich mich auf den Nachhauseweg. In einem Kinderbuchladen kaufte ich ein paar deutsche Bücher, »Die kleine Hexe«, »Der starke Wanja« und »Räuber Hotzenplotz« von Otfried Preußler. Im Anschluss kaufte ich noch Babykleidung. Es war herrlich spannend.

Zu Hause begutachtete ich unser Schlafzimmer, das wir in ein Kinderzimmer umfunktioniert hatten. Alles war da. Fläschchen, Wiege, Windeln, Spielzeug. Ich legte die Kinderbücher ab und ging zurück zum Krankenhaus. Ein seltsames Gefühl hatte ich im Magen, eine Vorahnung trieb mich ins Krankenhaus. Dort angekommen, lag Letty in heftigen Geburtswehen. Durch jugendlichen Leichtsinn und damals vorherrschenden Alternativwahn hatten wir uns überzeugen lassen, dass die Anwesenheit des Vaters für die Geburt des Babys wichtig wäre. Also war ich dabei.

Wenn ich heute darüber nachdenke, muss ich sagen, ich würde es nicht noch einmal wollen. Vielleicht war ich einfach zu jung. Mich hat die Geburt enorm mitgenommen. Noch Tage danach hatte ich Albträume und sah überall Blut und Schleim.

Einige Tage nach der Geburt unserer Tochter Zachai Valentine Zwaan kamen die beiden vom Krankenhaus nach Hause. Wir hatten eine wunderbare Zeit. In die Vaterrolle wuchs ich langsam hinein, und ich genoss das sehr. Ich wechselte Windeln, lernte sogar stricken und fertigte einen kompletten zweifarbigen Strampelanzug in Weiß und Rot. Letty hat mir natürlich dabei geholfen, aber immerhin.

Morgens, nachdem Zachai gestillt war, ging ich mit unserem süßen Baby in den Park oder durch die Stadt spazieren. Letty konnte sich so von den schlaflosen Nächten erholen. In den folgenden Monaten kaufte ich ein Auto. Ein »hässliches Entchen«, Citroën 2CV, giftgrün mit Sitzbezügen in gleicher Farbe, Radio und Faltdach. Wir fuhren nach München, um meinen Freunden unser Kind vorzustellen. Freunden, die Letty bereits kannte und die auch ihre Freunde wurden.

Es war mein zwanzigster Geburtstag.

Außerhalb Münchens gab ich ein großes Fest. Geburtstagsfeier und Geburt unserer Tochter miteinander. Es war ein rauschendes Fest. Leider kamen die Spaghetti Bolognese, die ich für etwa 50 Gäste gekocht hatte, nicht besonders gut an. Ich hatte die Salzdose mit der Zuckerdose verwechselt. Gott sei Dank gab es aber noch genügend andere Leckereien. Bis spät in die Nacht brannte das Lagerfeuer vor dem Haus im Garten. Dort wurden Würste und Fleisch gegrillt. Folienkartoffeln lagen in der Glut. Instrumente wurden gespielt, die Flammen des Feuers loderten meterhoch in den nächtlichen Sommerhimmel.

Wolf saß neben mir, hielt unser Baby im Arm, mit großen Augen schaute Zachai neugierig in den Sternenhimmel, während Letty ihren Kopf auf meinen Schoß legte und in den Schlaf sank.

Wir lebten im Wechsel mal in München und mal in Amsterdam.

Nach meinen Filmerfolgen hatte ich mich entschlossen, eine Schauspielschule zu besuchen, denn nur dort konnte ich das Basiswissen und berufliches Können erlernen, was für mein Weiterkommen unbedingt notwendig war. Ich war zwar gut, und nicht nur gut, wie mir immer wieder von der Presse und Fachleuten bestätigt wurde, ich hatte aber auch das ganz große Bedürfnis, Theater zu spielen, und dafür reichte mein Können nicht, was meine Sprache und die Atemtechnik anbelangte. Ich war im Laufe der Zeit so sehr in diese Arbeit hineingewachsen und liebte sie wirklich sehr. Deshalb bemühte ich mich, einen Ausbildungsplatz in München an einer Schauspielschule zu erhalten. Auf mein Schreiben an die Schule mit der Bitte um Aufnahme legte ich Kritiken meiner Filme und mein letztes Schulzeugnis bei.

Bedauerlicherweise teilte man mir mit, dass meine schulischen Voraussetzungen nicht genügen würden. Ich hatte leider keinen qualifizierten Schulabschluss und auch keine Berufsausbildung vorzuweisen. Im Laufe der Jahre habe ich aber immer wieder Schauspielworkshops besucht, um mehr und mehr professioneller zu werden.

Dann kam das Angebot zu meinem vierten Kinofilm: »Die Letzten Jahre der Kindheit«. Regie: Norbert Kückelmann.

Es war keine große Rolle, aber eine für mich wichtige. Zum ersten Mal spielte ich nicht mehr den Schönling oder Helden, sondern einen glatzköpfigen Fiesling. Mir machte das sehr viel Spaß. Während der Dreharbeiten befreundete ich mich mit dem Hauptdarsteller, der ein ähnliches Schicksal hatte wie ich und um den sich Thomas kümmerte. Gerhard hieß er. Ich mochte ihn sehr, er war vierzehn Jahre alt und hatte eine besonders liebenswerte Art. Thomas nahm sich rührend seiner an. Zeitweise wohnte er bei ihm, meist weil es zu Hause bei Gerhard Schwierigkeiten gab. In ähnlicher Weise wie in meiner Kindheit.

Nachdem der Film fertig gestellt war, fand kurze Zeit später die Premiere im Arri-Kino in München statt. Ich war eingeladen und reiste von Holland an.

In München angekommen, traf ich Thomas total verstört an. Er erzählte mir, dass Gerhard mit Verbrennungen dritten Grades auf der Intensivstation liege. Ich war fassungslos. Die Geschichte, wie es dazu kommen konnte, war gleichermaßen skandalös wie ungeheuerlich.

Gerhard war mit Freunden in einem Bauwagen gewesen, den sie sich als Treffpunkt eingerichtet hatten.

152

Oft kamen sie dort zusammen, um gemeinsam zu feiern. Als das Unglück geschah, schlief Gerhard. Ein Freund war austreten gegangen und stand abseits von dem Wagen, der plötzlich lichterloh zu brennen begann. Gerhard hatte nicht die geringste Chance, sich zu befreien, ohne erhebliche Verbrennungen zu erleiden. Es wurde nie geklärt, wie es zu diesem Feuer kam. Fest stand, dass der Wagen von außen mit einem Brandbeschleuniger angezündet wurde, das ergaben die Recherchen der Polizei. Vermutet wurde, dass der Anschlag aus der Nachbarschaft kam, von Nachbarn, die sich in ihrer Reihenhausidylle gestört fühlten, wenn die Buben feierten und laute Musik hörten.

Am Tag der Premiere des Film war ich mit Thomas bei Gerhard im Krankenhaus. Es war grauenhaft. Nackt lag er in einem sterilen Raum. Hautfetzen hingen ihm vom ganzen Körper weg. Ein Luftbefeuchter dampfte wie in einer Sauna, es roch nach Medikamenten. Gerhard war nicht zu erkennen – rohes Fleisch an vielen Stellen seines Körpers. Im Gesicht, am Hals, am ganzen Körper war er mit geleeartiger Masse bestrichen. Seine Arme hingen in Schlaufen, die Fingernägel waren schwarz verkohlt. Er konnte nicht sprechen wegen eines Luftröhrenschnitts. Thomas und ich durften nicht bis an sein Bett. Hinter einer Glasscheibe stehend versuchten wir, Blickkontakt herzustellen. Als er uns sah, regte er sich so sehr auf, dass wir ihn sofort alleine lassen mussten, damit er wieder zur Ruhe kam.

Draußen auf dem Parkplatz saßen wir lange schweigend im Auto. Dann besprachen wir, was zu tun sei und wie wir Gerhard helfen könnten.

Thomas sagte: »Wenn Gerhard überlebt, braucht er Operationen, die ihn wieder zu einem Mensch werden lassen. Diese werden von den gesetzlichen Kassen nicht bezahlt werden. Ich habe mich erkundigt.«

Daraufhin schlug ich vor, ein Spendenkonto einzurichten, das wir am Abend bei der Premiere bekannt geben könnten – in der Hoffnung, auf diese Weise, Geld für die Operationen zu sammeln.

Stunden später stand ich mit Thomas im Arri-Kino in München-Schwabing, wo die Premiere stattfand. Es war sehr schwer für uns beide, mit der Situation fertig zu werden. Eben waren wir noch in der Intensivstation gewesen, jetzt standen wir im Foyer des Kinos im Blitzlichtgewitter, umringt von Journalisten.

Ich ging auf den Verleiher zu und bat darum, nach der Filmvorführung auf die Bühne gehen zu dürfen, um das Spendenkonto bekannt zu geben, das ich mit Thomas nach dem Krankenhausbesuch eingerichtet hatte. Seltsame Reaktionen erfolgten auf meine Bitte.

Ich wurde zunehmend wütend, es ging hier um den Hauptdarsteller, der diesem Film wesentlich zur Auszeichnung mit dem Prädikat »Wertvoll« verholfen hatte: durch seine wundervolle Art und sein schauspielerisches Können in diesem Film. Von Seiten der Filmhersteller wurde nun aber versucht, mir mein Vorhaben auszureden.

»Herr Hannawald, Sie können ja gerne hier im Foyer irgendwo ein Papier anbringen mit der Nummer des Kontos, aber das Publikum nach der Vorstellung darauf aufmerksam zu machen, das halten wir für keine gute Idee. Wir wollen ja hier schließlich den Film verkaufen. Das ganze Thema gehört nicht hierher und irritiert am Ende nur die Zuschauer.«

Ich war fassungslos und den Tränen nahe, umgeben von Blitzlichtern und zahnweiß lächelnden Pro-

154

minenten. Endlich kam Norbert Kückelmann. Er wusste Bescheid wegen Gerhard. Er kam auf mich zu, ohne Umschweife erzählte ich ihm von meinem Vorhaben.

Er sagte mir: »Ich werde im Anschluss an die Vorführung Mitarbeiter und Schauspieler auf die Bühne bitten. Du bist selbstverständlich auch dabei, dann sagst du, was du sagen möchtest.«

Ich war erleichtert.

## Patzer im Filmbusiness

Es war eine Zeit, in der vielerlei Filme entstanden, die den Anspruch erhoben, sozialkritisch zu sein: »Die Kinder vom Bahnhof Zoo«, »Und Jimmy ging zum Regenbogen«, »Die letzten Jahre der Kindheit«, »Die Konsequenz«. Die Liste wäre noch lang. Bei den genannten Filmen wurden fast alle Hauptdarsteller mit wenig Geld abgespeist, gemessen an dem, was die Filme einbrachten. Die Akteure wurden von der Straße geholt, was in dieser Zeit als besonders progressiv und schick galt im Kreise der Filmemacher.

Wie Pilze schossen Filmgesellschaften aus dem Boden, es war »trendy«, der Zeitgeist eben, sozialkritische Filme zu drehen. Alle diese Buben und Mädchen, die ohne Erfahrung als Darsteller geholt worden waren, fielen nach Beendigung der Dreharbeiten in ein tiefes, leeres Loch, sie wurden bitter alleine gelassen.

Einige hatten für die Filmrollen ihre Ausbildungen abgebrochen, manche wegen der Filmrolle mit einer Ausbildung erst gar nicht begonnen. Sie wurden praktisch vom Schulhof weg engagiert. Die wenigsten fanden zurück in die Schulen, an ihre Ausbildungsplätze oder den Arbeitsplatz.

Produzenten wie Regisseure hatten vor allem das eine Ziel: Aufmerksamkeit zu erregen. Wenn sich manche der jungen Laiendarsteller damals das Leben nahmen, kam das letztlich dem Film zugute und – weil das ja kostenlose Medien-PR für den Film war – den Kassen der Produzenten. Um die Darsteller küm-

156

merte sich nach Fertigstellung der Filme niemand mehr. Das Produkt war ja schließlich im Kasten, wie man so schön sagt. Einige der jungen Darsteller begingen Selbstmord auf Raten, sie wurden drogensüchtig. Kamen mit dem Ruhm über Nacht nicht zurecht, der nur so lange anhielt, bis die nächste Eintagsfliege als Star geboren war. So schnell wie diese Zeit kam, so schnell war sie vorbei. Zurück blieben viele kaputte jugendliche Existenzen – und Filme mit dem Prädikat »Besonders wertvoll«.

Ich wurde härter in Vertragsangelegenheiten, nachdem ich Einblick in die Gepflogenheiten von Produzenten und Regisseuren gewonnen hatte. Aber es dauerte lange, bis ich den gesunden, normalen menschlichen Instinkt abgelegt hatte, unvoreingenommen auf die Menschen zuzugehen. Ein knochenhartes Geschäft wie jedes andere auch. Jedem in dieser Branche geht es nur um seinen eigenen Erfolg. Das Gerede während der Dreharbeiten: »Wir sind alle eine große Familie«, das gilt nur bis zu dem Tag, an dem die letzte Klappe fiel. So empfand ich es als junger Schauspieler. Geprägt durch meine harte Kindheit war mein Verlangen nach Anerkennung, Wärme und Gerechtigkeit auch in meinem Beruf sehr groß.

Ich zog mit Letty und Kind nach München, wir wohnten bei Thomas. Ich erhielt ein Rollenangebot für einen Krimi.

In der Nähe der Filmstudios der »Bavaria« hatte ich ein Treffen mit dem Produzenten Helmut Ringelmann in seinem Büro. Er bot mir eine Hauptrolle an. Freundlich gab er mir das Drehbuch in die Hand, fragte, ob ich genug Zeit mitgebracht hätte, denn ich solle es im Vorzimmer lesen. Was ich auch tat. Es dau-

erte nicht lange, da war ich damit fertig und entschlossen, die Figur in diesem Buch so nicht spielen
zu wollen. Es ging um einen drogensüchtigen Jungen
aus behütetem Elternhaus der Oberschicht, der im
Verlauf der Geschichte tot aufgefunden wird. Sämtliche Sequenzen dieses Buches waren so beschrieben,
dass immer irgendwo im Bild Injektionsnadeln und
Spritzen herumliegen sollten. Aber in den Dialogen
zwischen dem Kommissar und seinen Eltern sowie
den Lehrern wird nur von Haschisch geredet. Gleichzeitig werden sehr suggestiv, aber subtil Injektionsnadeln gezeigt, und dadurch der Eindruck vermittelt,
dass Haschisch gleich Heroin sei. Da ich ja zu diesem
Zeitpunkt bereits einige Jahre in Amsterdam gelebt
hatte und in diesen Dingen gut Bescheid wusste,
konnte ich damit nicht einverstanden sein.

Ich gebe zu, dass ich mich damals sehr undiploma-
tisch verhielt. »Tut mir Leid, Herr Ringelmann, diese
Geschichte ist glatte Volksverdummung«, sagte ich in
ziemlich arrogantem Ton.

Herr Ringelmann regte sich daraufhin so sehr auf,
dass ich befürchtete, er könnte einen Herzinfarkt erleiden. Der Regisseur, der auch anwesend war, versuchte
zu schlichten, aber ohne Erfolg. Ringelmann tobte, ich
verließ das Büro.

Ähnliche Ereignisse dieser Art gab es noch mehrere, die sicher mit dazu beitrugen, dass die Filmangebote für mich weniger wurden.

Jahre später traf ich Herrn Ringelmann wieder, ich
war älter und reifer geworden. Ich entschuldigte mich
für mein damaliges undiplomatisches Auftreten. Wenige Tage später traf ein Drehbuch bei mir ein, ich
spielte eine Rolle in einem seiner Krimis.

Aber in der Zeit nach diesem Vorfall blieben, wie gesagt, Angebote für längere Zeit aus. Ob das nun damit in Zusammenhang stand, kann ich nicht beurteilen. Ich dachte nach, was ich zusätzlich zur Schauspielerei für unseren Lebensunterhalt tun könnte. Glücklicherweise war noch etwas Geld aus guten Zeiten da. Ich stellte mir vor, einen Bauernhof zu erwerben und Agrarwirtschaft und Viehzucht zu betreiben. Aber ich verstand zu wenig von dieser Materie. Das Risiko, viel Geld zu verlieren war groß. Letty und ich diskutierten lange darüber und kamen zu der Ansicht, dass es vernünftiger wäre, wenn ich mir auf diesem Gebiet erst Wissen aneignen und auch genügend praktische Erfahrung sammeln würde. Ich nahm Kontakt auf zu Wolf. Er fand meine Idee großartig und fuhr mit mir zu einem befreundetem Landwirt-Ehepaar, Nico und Erika. Ich kannte die beiden bereits aus der Zeit meiner Flucht aus Haar. Manfred und Wolf hatten mich zu den beiden auf ihren Bauernhof gebracht, wo ich mich versteckt hielt.

Die beiden waren mit meinem Kommen einverstanden, Letty war unterdessen in Amsterdam. Es war ja alles noch unsicher. Ich wollte mich erst einmal mit Nico und Erika zusammensetzen, um alles zu besprechen. Auf ihrem Bauernhof kamen wir zu der Vereinbarung, dass ich bei ihnen arbeiten und wohnen könnte. Sie hatten auf ihrem Hof eine Wohnung für mich. Da sie aber nicht in der Lage waren, mich für meine Arbeit zu bezahlen, sagte ich, dass ich, wann immer ein Filmangebot käme, dieses annehmen werde. Schließlich musste ich ja auch Geld verdienen. Damit waren sie einverstanden, boten mir als finanziellen Ausgleich freie Kost und Logis.

Zu Beginn hatte ich eine schöne Zeit. Doch bald musste ich erkennen, dass die Form bäuerlichen Lebens, wie es diese Familie führte, nichts mit meinen Vorstellungen zu tun hatte. Viel zu großen Wert wurde auf Quantität ihrer Milchproduktion anstelle von Qualität gelegt. Zu schnell kamen immer wieder Antibiotika zum Einsatz. Vierzig Kühe standen im Stall, von denen einige immer wieder Verletzungen am Euter hatten und mit Antibiotika versorgt werden mussten. Nach ein paar Monaten kam Letty mit Zachai. Ich freute mich und war glücklich, die beiden bei mir zu haben.

Ein neues Filmangebot kam auch – leider ausgerechnet zur Erntezeit. Nico und Erika waren gar nicht begeistert. Wir hatten aber vereinbart, wenn ein Filmangebot käme, würde ich das auf jeden Fall annehmen, was ich ja aus finanziellen Gründen tun musste. Zwar hatte ich mir zwei Kühe mit in den Stall stellen können, die Kälber erwarteten, aber noch keine Milch lieferten, wodurch ich auch keinen Nebenverdienst hatte.

Ich lebte von meinen finanziellen Reserven. Zwischen den Dreharbeiten, die in München stattfanden, fuhr ich zurück auf den Hof. Dort angekommen bekam eine meiner Kühe ihr erstes Kalb. Es war wie die Geburt von Zachai: eine blutige Sache und nichts für meine Nerven.

Einige Wochen später kam das zweite Kalb.

Letty besuchte mich immer wieder mal gemeinsam mit Zachai bei den Dreharbeiten. Irgendwann kam sie alleine. Sie hatte Zachai bei der Familie auf dem Hof zurückgelassen, wo sie, wie wir glaubten, in guten Händen war. Es war ja nur für eine Nacht.

*18. u. 19.*
*Vor meinem verhängnisvollen Autounfall, der meine beginnende Welt-*
*karriere zerstörte. Ich stand in Verhandlungen für die Filme »Der Name*
*der Rose« und »Die Flambierte Frau«.*

▽

△

20. Glücklich, einen neuen Film-vertrag für die Serie »Hans im Glück« unterzeichnet zu haben – Juni 1986, mit meiner Freundin Lucia, wenige Tage vor dem schrecklichen Autounfall, bei dem sie und meine Freunde Robert und Barbara ums Leben kamen

◁ 21. Kraft fand ich nach diesem furchtbaren Unglück im Buddhismus

Hier Seine Heiligkeit Shar-mapa Rinpoche, einer der höchsten Würdenträger der Kagyü-Linie, der mich in die Welt des Buddhismus ein-führte

◁ 22. u. 23. Mit Hannah Nydahl, die mir in der schweren Zeit nach dem Unfall zur Seite stand, fuhr ich in ein buddhistisches Kloster nach Nepal zu Seiner Heiligkeit Sharmapa Rinpoche
▽

24. Ein tibetisch-buddhistisches Mandala, das in mühevoller, tagelanger Arbeit von tibetischen Mönchen aus gefärbten Reiskörnern gefertigt wurde, um es dann wieder zu zerstören. Dies soll die Vergänglichkeit aller Schönheit im Leben symbolisieren.
▽

25. Lama Ole Nydahl, einer der ers Europäer, der den tibetischen Budd mus mit Erlaubnis der Tibeter in d Welt hinausgetragen hat. Er hat m viel durch seine spirituelle Energie geholfen.

*Viel Freude bereiteten mir immer wieder die Dreharbeiten zu verschie-
denen Serien für den Bayerischen Rundfunk unter der Regie des
bekannten Regisseurs Franz X. Bogner*

△

*26. Serie »Zeit genug« (1981), hier mit dem Schauspieler Toni Berger*

*27. BR »Zur Freiheit« (1986) mit Ruth Drexel (rechts) und mit dem
leider verstorbenen Hans Brenner*

▽

△

◁ 28. u. 29.
1993 drehte ich
den Film »Im
Reich der Adler«,
an der Seite von
Rainer Schöne
und Cassie
Brannham. Regie
führte Donovan
Scott, der bereits
Regieassistent
bei Steven Spiel-
berg war

△

*30. u. 31. Im preisgekrönten Zweiteiler »Mali« des Bayerischen Rund-*
*funks spielte ich 1995 an der Seite von Christine Neubauer unter der*
*Regie von Rainer Wolffhardt. Geschrieben wurde das Drehbuch von dem*
*bekannten Autor Willi Purucker, der unter anderem auch die Familien-*
*saga »Die Löwengrube« schrieb, in der ich ebenfalls mitwirkte.*

▽

32. Zu Gast bei Alfred Biolek im Januar 2000 in seiner Sendung »Boulevard Bio«

33. Bei den Dreharbeiten zur Serie »Rosenheim-Cops« von der Bavaria Film GmbH für das ZDF im September 2001, hier mit den Hauptdarstellern Joseph Hannesschläger (links) und Markus Böker (rechts).

△
*34. Maria, meine große Liebe*

*35. Vor dem Petersdom in Rom*
▽

*36. Mit Maria an der weltgrößten Stupa in Bodnath/Nepal, das größte buddhistische Heiligtum außerhalb Tibets*
▽

Nach ein paar Tagen wurde Zachai sehr krank. Letty rief mich besorgt in München an. Ich wollte sofort kommen, Letty aber sagte, ich solle mir keine Sorgen machen, sie komme zurecht. Ein Landarzt aus dem Allgäu hatte das Kind mit Antibiotika so voll gespritzt, dass es noch Jahre danach nicht wieder richtig gesund war.

Als wir damals, nachdem wir Zachai bei dieser Familie gelassen hatten, tags darauf zurückkamen, erzählte uns ein Nachbarjunge, dass Zachai stundenlang im Sandkasten hinter dem Haus im Schatten gespielt hatte: barfuß, nur mit Windeln und einem ärmellosen Hemdchen bekleidet. Das im Monat März.

Letty reiste mit Zachai ab. Sie hatte kein Vertrauen zu deutschen Ärzten – zu Recht, wie sich später in Holland herausstellen sollte, denn Zachai hatte ein Antibiotikum bekommen, das in Holland bereits seit Jahren wegen der bedenklichen Nebenwirkungen verboten war. Leider haben sich diese bei Zachai tatsächlich bemerkbar gemacht, ihre zweiten Zähne erlitten durch Verfärbungen bleibende Schäden.

Ich arbeitete vorerst weiter auf dem Hof, wollte so schnell nicht aufgeben mit meinem Vorhaben, das Nötigste zu erlernen, um selber einen Hof führen zu können. Was ich mir fest vorgenommen hatte. An einem Spätsommernachmittag geriet ich mit meiner rechten Hand beim Holzschneiden in die Kreissäge. Sehr seltsam war das Ereignis gewesen. Während des Sägens hörte ich jemanden nach mir rufen. Ich glaubte, es sei einer von den zwei kleinen Buben dieser Familie. Ich blickte mich um, während ich das Holz durch das grell kreischende Sägeblatt schob. Da war es schon passiert. Ein fürchterlicher Schmerz durchfuhr meinen Körper. Ich dachte, meine ganze Hand sei ab. Fühlte nur diesen Wahnsinnsschmerz, traute mich aber nicht, näher hinzuschauen. Zeige- und Ringfinger waren in das Sägeblatt geraten. Das Ausmaß der Verletzung habe ich erst Wochen später beim ersten Verbandswechsel gesehen. Da erst hatte ich dann den Mut hinzuschauen.

Eine merkwürdige Zeit war das damals. Während ich mit heftigen Schmerzen im Krankenhaus lag, plagten mich nachts ungeheure Albträume, wie ich sie nur aus Kindertagen kannte.

## Albträume und Depressionen

Ich hatte, nachdem ich aus dem Krankenhaus entlassen worden war, immer wieder seltsame Tagträume, prophetische Visionen, übersinnliche Wahrnehmungen. Immer wieder befand ich mich urplötzlich für kurze Momente in meinen Träumen. Es war wie in einem Film, den ich vor langer Zeit gesehen hatte.

Einige enge Freunde verunglückten in dieser Zeit oder starben durch Drogenkonsum. All diese Ereignisse träumte ich immer Wochen vor dem tatsächlichen Geschehen. Bald war ich so verwirrt, dass ich schwere Depressionen bekam. Es war sehr schwer für mich, damit umzugehen. Vor allem wagte ich nicht, mit anderen darüber zu sprechen, ich befürchtete, dass sie mich für verrückt halten könnten.

Nach meiner Entlassung aus dem Krankenhaus bin ich nur kurz zurück auf den Bauernhof gegangen. Es war nicht schön, und ich war bitter enttäuscht von diesem Ehepaar. Ich hatte für meine Verhältnisse viel Geld verloren. Während meines Krankenhausaufenthaltes sind beide Kühe verkauft worden. Eine musste angeblich notgeschlachtet werden. Ihr Kalb wurde tot geboren. Pro Kuh hatte ich fünftausend bezahlt. Das Einzige, was blieb, war ein Kalb, und das wurde ebenfalls verkauft, wofür ich noch DM 250,– erhielt.

Mir war das alles aber ziemlich egal zu diesem Zeitpunkt. Ich hatte Schmerzen in meiner Hand.

Jahre vergingen. Ich lebte wieder in Amsterdam, dazwischen andernorts im europäischen Ausland, wohin ich mit Zachai und Letty reiste für kurze oder auch längere Urlaube. Dazwischen hatte ich immer wieder Filmangebote. Mein Freundeskreis in München blieb bestehen, viele Freunde kamen uns in Amsterdam besuchen. Wenn Wolf kam, war das immer etwas ganz Besonderes, vor allem für Zachai. Sie hat ihn dann vollkommen in Beschlag genommen, so wie ich das getan hatte als Junge. Wir fuhren auch mal zu ihm mit dem Auto. Das war im Winter zur Weihnachtszeit. Er wohnte in Beuerberg. Zachai schwärmt noch heute von diesem Weihnachtsurlaub bei Wolf in herrlicher Winterlandschaft.

## Visionen

1986 nahm mein Leben eine Schicksalswende, von der ich mich über Jahre hin nicht erholte. Das Ereignis verursachte tiefen Seelenschmerz bei mir, bewirkte einen tiefen gesellschaftlichen, aber auch finanziellen und emotionalen Absturz.

Meine Beziehung mit Letty war am Auseinanderbrechen. Zu verworren war sie geworden. Es gab viel zu viele Verletzungen und Tränen auf beiden Seiten, bis wir uns schließlich trennten.

Lucia trat in mein Leben. Spannende Jahre folgten. Ein langer gemeinsamer Urlaub auf Bali. Viel Mystisches ereignete sich. Lucia war meine Seelenverwandte. Ich fühlte mich zutiefst angezogen von ihr. In München wohnten wir zusammen mit ihrer engsten Freundin Barbara und mit Robert in einer kleinen Wohngemeinschaft. Robert wurde zu meinem engsten Freund in diesen Jahren. Jung, wild und voller Lebenslust ließen wir nichts anbrennen. Keine Party, kein noch so wildes Fest.

Im Frühjahr dieses Jahres unterzeichnete ich einen neuen Filmvertrag: sechs Episoden für die TV-Serie mit dem Titel »Hans im Glück«. Ich wurde für die Hauptrolle engagiert. Gerade erst hatte ich eine sechsteilige Serie abgedreht, in welcher der wunderbare Regisseur Franz Xaver Bogner Regie führte. »Zeit genug« war der Titel.

An der Seite von Toni Berger spielte ich die Hauptrolle. Die Dreharbeiten zählten zu den schönsten in meiner bisherigen Karriere. Sie dauerten das ganze Frühjahr, bis in den Sommer hinein. Gedreht wurde in München und Umgebung.

Es ging mir und meinen Freunden ganz besonders gut. Zum ersten Mal seit Jahren hatte ich keine finanziellen Sorgen mehr. Nach den Dreharbeiten zur Serie »Zeit genug« kaufte ich mir gemeinsam mit meinem lieben Freund Thomas eine Finca in Südspanien. Hoch oben in den Bergen, abgelegen vom Rummel an der Küste, nur durch einen einstündigen Fußmarsch zu erreichen.

Robert saß zu dieser Zeit im Gefängnis wegen eines Verstoßes gegen das Betäubungsmittelgesetz. Barbara, Lucia und ich blieben zusammen in unserer gemeinsamen Wohnung.

Kurz vor Drehbeginn zur Serie »Hans im Glück« ging ich zu einem Hellseher und Kartenleger, Gerhard von Lentner, der schon vielen Prominenten, auch in Hollywood, die Karten legte. Ich wollte wissen, wie es mit uns allen weitergehen würde.

Gerhard hatte ich im Münchner Filmcafé kennen gelernt, einem Treffpunkt für Prominente und solche, die es werden wollten. Oswald Kneip war der Eigentümer, er wurde später mein Agent. Gerhard von Lentner schrieb auch ein Buch über die »Hohe Schule des Kartenlegens«. Leider sagte er mir nichts Gutes voraus.

Ich würde sehr krank werden, Probleme mit meinen Nieren bekommen, auch sah von Lentner eine Verletzung an meinem Kopf. Lucia, Robert und Barbara – wir würden uns trennen, für immer.

In den kommenden Sommermonaten sollte ich nicht mit meinem eigenen Wagen fahren, die Innen-

166

stadt meiden, vor allem nachts. Die TV-Serie »Hans im Glück« würde ich nicht beginnen. Alle diese Dinge erzählte mir Gerhard von Lentner. Ich war sprachlos. Zerschmettert. Und wurde sehr ungehalten: »Was fällt dir ein, mir solch düsteres Szenario zu malen, spinnst du denn?«, sagte ich sehr erregt zu ihm.

Er versuchte, mich zu beruhigen, und sagte: »Tut mir Leid, du wolltest unbedingt die Wahrheit hören.«

Er empfahl mir, in ein Retreat zu gehen: auf eine Hütte in die Berge oder ins Ausland. Alleine solle ich mich dorthin für die nächsten Wochen zurückziehen. Das alles war mir zu viel, ich hielt das, was er mir sagte, für Scharlatanerie.

Ich bezahlte die Sitzung und ging in die Stadt, die in wunderbarer Abendsommerluft pulsierte. Nichts von allen diesen Weissagungen erzählte ich Lucia noch sonst irgendjemandem. Den Vertrag zu »Hans im Glück« hatte ich ja schon unterschrieben, also – was sollte schon passieren?

Robert würde in nur wenigen Wochen aus dem Gefängnis entlassen werden. Ich war verliebt, hatte Geld, einen Filmvertrag in der Tasche, ein kleines Haus in Südspanien. Glücklich schlenderte ich über die Leopoldstraße. Laue Sommernachtluft blies mir ins Gesicht. Trotzig stand ich in einer Nachtbar und hob das Glas zum Wohle auf Herrn von Lentner. Ich hatte die Drehbücher zur Serie bereits zu Hause, lernte seit Tagen intensiv den Text, übte mich vor dem Spiegel im Charakter der Figur, die ich verkörpern sollte.

Barbara war sehr aufgeregt in diesen Tagen wegen Roberts Entlassung. Sie konnte kaum mehr schlafen. Mit Lucia sprach ich in diesen Tagen viel über die beiden. Wir beschlossen, Barbara zu einem Kurzurlaub einzuladen, bevor Robert entlassen würde. Auch ich konnte Erholung brauchen. Immerhin standen mir sechs Monate Drehzeit bevor. Wir kauften die Tickets, überraschten Barbara damit und flogen alle drei auf die kanarische Insel La Gomera. Ich mietete für eine Woche ein Haus in wunderschön gelegener Landschaft, inmitten von Bananenplantagen und nicht weit vom Meer. Die Mädchen waren besonders ausgelassen. Meine Drehbücher hatte ich mitgenommen, um zu lernen.

Vollkommen überraschend für Lucia und mich begannen wir in diesen Tagen, miteinander zu streiten. Wegen Nichtigkeiten, keiner von uns wusste am Ende, worum es ging. Wie ein Ehepaar, das sich nichts mehr zu sagen hat, verbrachten wir die ersten Tage nebeneinander. Unterbrochen von Gesprächen, auf die eine Versöhnung folgte. Unerklärlich waren uns beiden diese Stimmungsschwankungen.

Abends in einer Strandbar saßen wir nahe am Meer. Düster warfen die Berge ihre Silhouetten, die das Valle Gran Reyes umschlossen. Missgelaunt durch die Streitigkeiten setzte ich mich alleine in einen Stuhl am Strand.

Lucia kam zu mir, wir versöhnten uns. Schweigend saß sie auf meinem Schoß, wir genossen die salzige Meerbrise, bestaunten den mediterranen Sternenhimmel. Ich zündete mir eine Zigarette an. Es blies ein starker warmer Wind.

Plötzlich stob ein Funke der Zigarettenglut durch den Wind auf Lucias Kleid, in Sekunden stach eine Stichflamme empor. Lucias Kleid stand in Flammen. Ihre Haare schossen in die Höhe. Ich warf sie vom Stuhl in den Sand und wälzte sie, konnte die Flammen so ersticken. Gott sei Dank fehlte ihr nicht das Geringste. Allerdings hatten sie und auch Barbara einen gewaltigen Schock erlitten.

Schluchzend und schreiend fielen sie sich in die Arme. Ich konnte sie beide nicht mehr beruhigen. Lucia wollte alleine gelassen werden und zog sich an den Strand zurück. Ich vermochte sie weder zu trösten noch zu beruhigen.

Bedrückende Stimmung beherrschte das Geschehen. Barbara tröstete mich und versicherte mir, dass es nicht meine Schuld wäre. Lucia hatte ein Kleid aus Kunststoff an, ein Seidenimitat, das sich statisch so aufgeladen hatte, dass es buchstäblich explodiert war durch den Feuerfunken.

In dieser Nacht im Haus wurde ich irgendwann wach. Draußen tobte ein heftiger Sturm. Lucia hatte sich beruhigt. Wir liebten uns, dann fielen wir irgendwann in den Schlaf. Klitschnass, schweißgebadet von einem fürchterlichem Albtraum erwachte ich.

Der Traum: Ich war auf der Dachterrasse unseres Hauses im Valle Gran Reyes inmitten ausgedehnter Bananenplantagen. Es war heller Tag, gleißendes Licht der Sonne ließ die stürmische See funkeln. Die Bananenstauden bogen sich im Sturm, weit weg am Horizont erhob sich eine gigantische Welle und rollte auf die Küste zu.

Mein Herz schlug mir bis zum Hals. Plötzlich war ich in einer Geröllhalde. Verzweifelt versuchte ich mich von der Stelle zu bewegen. Immer wieder glitt ich nach unten. Endlich erreichte ich den flachen Gipfel, legte mich auf den Bauch.

Ein Dröhnen und Donnern ließ den Boden vibrieren. Ich streckte meine Hand nach Lucia aus, sie

169

streckte ihre Hand nach mir aus. Barbara und Robert waren weit entfernt, aber auch bemüht, den Gipfel zu erreichen.

Lucias Fingerspitzen berührten die meinen.

Verzweifelt schrie ich: »Streng dich an, verdammt noch mal, streng dich an, du schaffst es!« Ich schrie wieder: »Du musst es schaffen!«

Dann ging mein Blick über sie hinweg. Eine gigantische Welle begrub das Valle Gran Reyes. Bäume knickten wie Streichhölzer, Häuser wurden weggespült, als wären sie aus Pappe. Menschen fielen in panischer Angst schreiend zu Boden. Behinderten sich gegenseitig bei ihrer Flucht. Donnernd schlug die Welle über alles herein.

Schweißgebadet erwachte ich. Lucia lag friedlich in tiefem Schlummer neben mir. Ich ging auf den Balkon, schaute über die Plantage, die im Mondlicht mystisch wirkte.

Am Horizont funkelte das unruhige Meer, der Wind trug das dumpfe Grollen der Wellen, die auf den Strand schlugen, bis an mein Ohr.

Unwillkürlich empfand ich tiefe Trauer, musste weinen, aber wusste nicht weshalb.

Tags darauf erfuhren wir durch die Medien von der Katastrophe im Kernreaktor Tschernobyl.

Sehr früh ging ich in den Ort und besorgte Frühstück. An der Strandbar erfuhr ich durch deutsche Touristen von dem Unglück. Panische Stimmung verbreitete sich. Viele widersprüchliche Meldungen erreichten uns. Als ich zurückkam, waren die Mädchen bereits wach.

Gut gelaunt lachten sie, während sie sich vor dem Haus ausgelassen mit Wasser bespritzten. Ich erzählte ihnen, was geschehen war, irgendwo weit weg in der Sowjetunion. Kurze Zeit später versuchten wir stundenlang, telefonisch Kontakt nach München zu bekommen. Ohne Erfolg. Die Leitungen waren überlastet.

Tage danach waren wir zurück in München.

Robert kam aus dem Gefängnis. Seine Eltern holten ihn ab. Unser Wiedersehen war mit Worten nicht zu beschreiben, doch auch von bedrückter Stimmung geprägt, wegen des Ereignisses in Tschernobyl. Über dessen katastrophale Ausmaße erfuhr die Öffentlichkeit jeden Tag etwas mehr.

Wir beschlossen, schnellstmöglich nach Spanien zu gehen. Doch erst musste ich die Dreharbeiten zu »Hans im Glück« beenden, die ich nach der Rückkehr von La Gomera begonnen hatte, dachte ich.

Doch leider sollte es dazu nie kommen ...

## Tödlicher U-Turn

Wenige Tage später, es war der 10. Juni 1986, gingen wir abends gemeinsam ins Kino. Die Mädchen wollten unbedingt den Film »Blues Brothers« sehen. Während der Vorstellung verließ ich den Zuschauerraum und ging vor die Türe ins Freie.

Robert kam wenig später nach. Schweigend rauchten wir unsere Zigaretten vor dem Kino. Wir sahen uns ab und zu an, verstanden uns ohne Worte. Amüsierten uns über die Mädchen, die so unbedingt in diesen Film wollten, in dem die letzten Minuten ein Auto nach dem anderen zu Schrott gefahren wird. Uns beiden wurde die Hollywood-Materialschlacht zu viel. Wir gestanden uns ein, dass wir mit diesem Film nichts anfangen konnten.

Kurze Zeit später saßen wir wieder in meinem Auto und die warme Sommerluft blies durch die heruntergekurbelten Scheiben ins Wageninnere. Ich fuhr, Lucia war neben mir, Robert und Barbara hielten sich auf der Rückbank eng umschlungen.

»Wohin?«, fragte ich.

Nach kurzer Diskussion beschlossen wir, auf die Münchner Leopoldstraße zu fahren in den Livemusik-Club »Domicil«. Wally Warning, ein Freund von uns, spielte dort. Hektisches Treiben herrschte noch zu später Stunde auf den Trottoirs der Leopoldstraße. In Schrittgeschwindigkeit rollten wir auf der Suche nach einem Parkplatz dahin. Die Straßencafés waren noch gut besucht. Frauen wie Männer kokettierten mit al-

172

lem, was sie zu bieten hatten: mit braunem Teint, hoch geschlitzten Röcken, die Männer mit engen Jeans und Trägerunterhemd mit aufgepumptem Bizeps. Ab und zu jagte ein Motorrad mit heulendem Motor an uns vorüber, das der Fahrer hochriss, um nur auf dem Hinterreifen zu balancieren.

Auf Höhe einer Kreuzung befand sich auf der gegenüberliegenden Straßenseite das »Domicil«. Vor dieser Kreuzung rollte ich endlos an geparkten Fahrzeugen entlang und suchte nach einer Parkmöglichkeit. Lucia, die neben mir saß, half beim Suchen.

Robert und Barbara waren mit sich beschäftigt. Langsam bewegten wir uns auf die rote Ampel zu. Etwas weiter entfernt: stehender Verkehr. Immer wieder rollten Motorräder vorüber, gefahren von »Beach Boys«, die zum Teil nur mit Badehosen bekleidet und in Begleitung ebenso luftig bekleideter Schönheiten waren. Herrliche Stimmung, die Atmosphäre hatte mediterranes Flair.

Plötzlich sah ich einen Parkplatz auf der gegenüberliegenden Seite. Der Gegenverkehr stand, die Ampel war rot.

»Festhalten«, sagte ich, dabei riss ich das Steuer herum zu einer 180-Grad-Kehrtwendung, einem U-Turn.

Ein ohrenbetäubender Schlag, dann ein gewaltiger Schmerz, der meinen Körper durchbohrte, beinahe bis zur Bewusstlosigkeit.

Mein Kopf drehte sich.

O mein Gott, o mein Gott. Der Kopf reißt mir ab!, das waren meine Gedanken.

Ein Krachen, ein Knirschen, Reifenquietschen. Scherben rieselten wie feiner Staub auf mich herab. Menschen sprangen in Zeitlupe durcheinander und zur Seite. Das Krachen und Quietschen wurde so laut, dass ich glaubte, mein Trommelfell würde platzen.

Mein Hals wurde länger und länger, mein Kopf drehte sich bis zum Reißen.

O Gott im Himmel, Gott im Himmel, hilf mir!, dachte ich, vielleicht sprach ich diese Worte auch. Ich weiß es nicht mehr. Totenstille.

Als ich wieder zu mir kam, blickte ich auf ein großes Fensterkreuz. Der Lichtschein einer Straßenlaterne drang herein und zuckte unruhig, unterbrochen von Ästen, die im Wind schaukelten. Über die Fensterscheiben rann Wasser.

Ein Sommergewitter tobte.

Im Zimmer um mich war es dunkel. Ab und zu erhellte ein greller Blitz den Raum, gefolgt von grollendem Donner. Ich war alleine.

Langsam erinnerte ich mich an das, was geschehen war. Während ich überlegte, ob ich all das nur geträumt hatte, versuchte ich mich aufzurichten.

Unvorstellbarer Schmerz durchbohrte meine Brust. Ich bekam einen Hustenanfall. Spuckte dunkles, dickes Blut über die weiße Bettdecke. Mir wurde bewusst, ich träumte nicht.

Verzweifelt rief ich um Hilfe, aber meine Stimme versagte. Ich sah ein Kabel über mir hängen. Es war eine Nachtglocke, wie mir aus vorangegangenen Krankenhausaufenthalten bekannt war. Ich läutete um Hilfe. Eine Krankenschwester kam unmittelbar darauf ins Zimmer, knipste das neongrelle Oberlicht an, stand vor mir mit hilflos ängstlichem Gesichtsausdruck, schlug die Hände über den Kopf zusammen und rannte wieder nach draußen.

174

Wenige Minuten später stürzten mehrere Personen in mein Zimmer. Im Laufschritt schoben sie mich mit dem Bett durch endlos lange Flure.

»Wie groß sind Sie, wie schwer, haben Sie etwas gegessen?«, wurde ich während der Fahrt von einer Schwester, die keuchend neben dem Bett herlief, gefragt. Im OP war mir, als wäre ich im Himmel, denn ich sah mich plötzlich von Engeln umgeben. Ein Engel beugte sich zu mir herab, lachte mich an und sagte: »Jetzt tut's kurz weh, nicht erschrecken!«

Ein Pieks, kribbelnde Wärme und schon war ich weg.

Als ich wieder zu mir kam, stand meine Schwester Ramona vor mir, streichelte über meine Wangen.

Ich fragte sie: »Wo sind die anderen? Geht es ihnen gut? Wo ist Lucia?«

»Ganz ruhig«, sagte sie. »Sei ganz ruhig, mach dir keine Sorgen.«

Auf der anderen Bettseite erblickte ich Heini und Elli, die Eltern von Lucia.

Sie streichelten mir die Hand mit den Worten: »Mach dir keine Sorgen um Lucia und die anderen, denen geht es jetzt besser als dir.«

Meine Schwester war zu Besuch, wie jeden Tag. Sie brachte meine älteste Schwester Karin mit. Wieder fragte ich nach Lucia, Robert und Barbara.

Karin brach in Hysterie und Tränen aus und rief bestürzt: »Der weiß ja noch gar nichts! Ramona, der weiß ja noch gar nichts!«

Ramona drängte Karin zur Tür hinaus und kam kurz darauf zurück an mein Bett.

»Es ist alles in Ordnung, mach dir keine Sorgen«, sagte sie.

»Ramona, bitte sag mir, was ist mit Lucia, Robert, Barbara. Wo sind sie, geht es ihnen gut?«

Mit tränenerstickter Stimme antwortete sie: »Denen geht es gut. Besser als dir, bleib ganz ruhig.«

Sie küsste mich zärtlich. Da ließ ich mich ganz tief fallen.

Zu diesem Zeitpunkt waren, was ich nicht wusste, aber instinktiv fühlte, Lucia, Robert und Barbara bereits tot. Erst viel später erfuhr ich, was und wie der Unfall passiert war. Wegen meiner schweren Verletzungen und meines kritischen Zustandes im Krankenhaus war den Angehörigen von ärztlicher Seite verboten worden, über den Tod meiner Freunde zu sprechen.

Was war geschehen? Ich hatte mit dem Auto gewendet, um den freien Parkplatz zu besetzen. Ein entgegenkommendes Fahrzeug, an dem trotz Dunkelheit nur das Standlicht angeschaltet war, überfuhr mit weit überhöhter Geschwindigkeit die Ampel bei Rotlicht.

Zu diesem Zeitpunkt stand ich nahe der Ampel quer zur Straße und wollte einparken. So kam es zu diesem entsetzlichen Unglück, an dem ich Mitschuld hatte, da es an dieser Stelle die Verkehrsregeln nicht erlaubten, die Straße zu kreuzen. In einer späteren Verhandlung wurde ich wegen dieser Verkehrsübertretung zu einer Geldstrafe verurteilt.

Der andere Fahrer, der – wie sich herausstellte – zum Zeitpunkt des Unglücks stark alkoholisiert war, erhielt eine Geldbuße und eine Freiheitsstrafe, die zur Bewährung ausgesetzt wurde. Jahre später hat dieser Fahrer anscheinend wieder einen Unfall mit Todesfolge verursacht.

Einige Wochen später ging ich in dem großen Trauerzug hinter Lucias Urne her, gestützt von ihren Eltern. Wir begleiteten Lucia zu ihrer letzten Ruhestätte im Münchner Waldfriedhof. Ihre Eltern hatten mit der Bestattung gewartet, bis mein Gesundheitszustand zuließ, dass ich teilnehmen konnte.

Andreas Volenweiders wundervolle Musik spielte ich am Grab vom Rekorder. Leise und sanft erfüllten Harfenklänge, begleitet von balinesischer Gamelanmusik, den hochsommerlichen Spätnachmittag.

Unwirklich ruhig war die Natur, die Bäume um das Grab wiegten ihre Blätterpracht im sanften Wind, funkelten im Sommerlicht.

»Lucia«, flüsterten sie, »Lucia.« Blätterflüstern zu Musikklängen.

Mein Herz wollte zerspringen. Nachdem die ungeheuer große Trauergemeinde gegangen war, blieb ich noch lange an Lucias Grab.

Ich träumte mich in ihre Arme, flüchtete in wunderschöne Erinnerungen.

»O Gott, was soll ich nur tun ohne dich, meine Fee, mein Engel, mein Sonnenschein?«, fragte ich. Setzte mich vor ihr Grab, wühlte mit meinen Händen in der Erde, wünschte zu sterben, um bei ihr zu sein.

Ich schrie fluchend mit tränenerstickter Stimme in den tiefblauen Sommerhimmel: »Gott, ich hasse dich, ja, ich hasse dich!«

Nach Stunden zu Hause im Kreis von Lucias Familie fuhr mich Wolf am Nachmittag zurück nach Kreuth am Tegernsee. Dort war ich, nach dem langen Aufenthalt auf der Intensivstation, zur Genesung in einem Rehabilitationszentrum untergebracht. Viele Freunde aus vergangenen Zeiten besuchten mich in

Kreuth. In diesen Tagen wurde mir bewusst, wie viele Freunde ich hatte. Alle waren sie wieder da. Das war ein wunderbares Gefühl. Leider konnte mir keiner von ihnen meine Trauer nehmen, auch nicht meinen tiefen Seelenschmerz.

Lucias Eltern kamen auch regelmäßig, was mir ganz besonders viel Kraft gab, auch neuen Lebensmut. Und das Wunderbarste war: Sie klagten mich nicht an, machten mir keine Vorwürfe. Obwohl ich ihre Tochter bei dem Wendemanöver in den Tod gefahren hatte.

An Roberts und Barbaras Grab kam ich erst Monate später, nach meiner Genesung. Ich wollte in keinem Auto mehr fahren. Die beiden wurden in Bad Reichenhall in einem wunderschönen Gemeinschaftsgrab beerdigt. Ich werde nie vergessen, welche fürsorgliche Liebe mir auch die Elternpaare dieser beiden verstorbenen Freunde entgegenbrachten. Zu keinem Zeitpunkt – bis heute nicht – hörte ich Vorwürfe von ihnen.

Wolf war mein von Gott gesandter Schutzengel in diesen Monaten tiefster Trauer.

Er war da, um mich vor Dummheiten zu bewahren, auch um Kraft zu spenden. Das tat er mit unendlicher Güte.

Wenn ich erwachte, saß er im Krankenzimmer.

Fiel ich in den Schlaf, war er immer noch da.

Ich weiß nicht, wie er das schaffte, aber ich hatte den Eindruck, er war vierundzwanzig Stunden um mich herum. Draußen schien die Sonne, dann wieder stürmte es mit Blitz und Donner, gefolgt von tagelangem Regen. Es wurde kühl, dann wieder unerträglich heiß. Ich habe sehr viel geschlafen, war müde, nur noch müde. Weinte sehr viel, Wolf mit mir. Er und Lucia waren sehr eng verbunden gewesen. Viele Tage hatte Wolf bei Lucia und mir zu Hause verbracht. Tröstete sie in unserer schwierigen Zeit, in der Lucia und ich bereits sehr verliebt waren, ich mich aber zunächst für ein Leben in Holland entschieden hatte, wegen meiner Tochter.

Margit und Stefan arbeiteten in der Klinik Dr. May in Kreuth. Margit an der Rezeption, Stefan als Zivildienst leistender Krankenpfleger. Sie kümmerten sich besonders lieb und fürsorglich um mich, wie auch noch andere Mitarbeiter dieses schönen Krankenhauses, das in herrlicher alpenländischer Idylle liegt.

Langsam konnte ich kleine Spaziergänge unternehmen, die immer ausgedehnter wurden. Anfangs mit Schwierigkeiten wegen meiner schmerzenden Narbe, die vom Schambein bis zum Solarplexus reicht. Große Probleme bereitete mir das Atmen wegen der gebrochenen Rippen sowie meiner inneren Verletzungen. Nieren, Lunge, Leber, all das musste operiert werden. Noch Jahre nach dem Unfall konnte ich wegen des Schädeltrümmerbruches auf dem rechten Auge nur sehr schlecht sehen.

Viele liebe Menschen haben sich um mich gekümmert. Ich konnte nicht alle ihre Namen behalten. Aber ich möchte ihnen, die damals für mich da waren, von Herzen danken.

Heute meditiere ich täglich – seit dieser Zeit praktiziere ich das –, ich denke dabei an alle diese lieben Menschen und an meine verstorbenen Freunde.

Eine liebe Frau, Eva, besuchte mich, eine frühere Freundin von Robert aus seiner Zeit in Bad Reichenhall. Sie erzählte mir vom tibetischen Buddhismus. Sprach über spirituelle Menschen, die sie kennen gelernt hatte: Hannah und Ole Nydahl. Ole hat viele Bücher zum Thema tibetischer Buddhismus geschrieben. Er verbrachte in den Sechzigern mit seiner Frau Hannah viele Jahre im Himalaja. Ich sollte die beiden auch bald treffen. – Noch während ich in Kreuth in der Klinik war, entschloss ich mich, in ein tibetisch-buddhistisches Zentrum nach Köln zu fahren. Eva schwärmte und erzählte mir, dass ein sehr hoher tibetischer Würdenträger, ein Lama der Kagyü-Linie, Seine Heiligkeit Sharmapa Rinpoche, dort sei und auch ihre Freunde Hannah und Ole. Eine Besonderheit, wie sie sagte, denn solche charismatischen Menschen kommen nur sehr selten vom Himalaja in den Westen.

Die Ärzte in Kreuth gestatteten mir, auf eigenes Risiko zwei Tage vom Krankenhaus wegzubleiben. Ich musste hierfür eine Erklärung unterzeichnen. Wolf hat mich gefahren, Eva reiste voraus.

In Köln angekommen, fühlte ich mich sehr verloren zwischen der Hunderte zählenden vergeistigten Anhängerschar. Ich war nie ein Freund von Sekten gewesen, auch mochte ich große Menschenansammlungen nicht. In einem großen Zelt waren sie alle versammelt, Männer, Frauen, Kinder, Alte und Junge. Weit vorne saß Sharmapa. Seine Bühne hatte Ähnlichkeit mit einem Altar. Prunkvoll geschmückt mit vielerlei bunten Tüchern, Brokat, Seide, auch okkulten Gegenständen, die mir unbekannt waren. Die große Gemeinde lauschte andächtig den Ausführungen und Erzählungen Sharmapas in englischer Sprache zum Thema Karma, Ursachen und Wirkung, Tod und Wiedergeburt. Hannah übersetzte ins Deutsche.

Mit sanfter, doch sehr klarer und eindringlicher Stimme zog Sharmapa mich in seinen Bann. Ich setzte mich gemeinsam mit Wolf neben Eva, die wir gleich beim Eintreten in der Menge erblickten. Nach dem Vortrag kam Sharmapa durch die Reihen der Zuhörer geradewegs auf mich zu, in Begleitung von Hannah.

Er reichte mir seine Hand und sagte: »I am happy that you are here. Please come with me.«

Im Augenblick seiner Berührung durchströmte mich grenzenlose Freude. All mein Kummer war fort. Dennoch blieb ich innerlich angespannt und skeptisch, ich wollte wissen und hinterfragen, konnte mir meine Empfindungen nicht erklären. Als er mir wenig später in einem vierstündigen Vieraugengespräch Dinge über mich und mein Leben erzählte, die niemand wissen konnte, fand ich erschüttert und gerührt zugleich Zuflucht zum Buddhismus. Ich erhielt von Sharmapa Anleitungen zur Meditation und einige Gebete in tibetischer Sprache mit auf den Weg. In nur wenigen Stunden konnte ich diese so genannten Mantren auswendig, was mich sehr erstaunte.

Schließlich fuhr ich, gestärkt in meiner Seele, gemeinsam mit Wolf zurück nach Kreuth am Tegernsee. Wochen waren vergangen. Ich wurde aus der Klinik entlassen. Elli, Heini, Wolf und Ramona holten mich ab. Begleiteten mich in die Wohnung, die ich zum ersten Mal betrat seit der Nacht des Unfalls.

In Lucias und meinem Zimmer fand ich auf unserem Bett einen großen Spiegel, auf den mit Lippenstift geschrieben stand: I love you. Daneben ein gemaltes Herz. Nach wenigen Stunden blieb ich allein zurück. Ich fiel auf das Bett, grub mein Gesicht in Lucias Kleid, das so stark nach ihr roch, als wäre sie bei mir.

Tage und Wochen verbrachte ich in tiefer Trauer alleine in der Wohnung. Ich vermochte diese Schmerzen nur mehr im Alkohol zu ertränken. Ich unternahm den Versuch zu meditieren, wurde unterdessen immer wieder von Weinkrämpfen geschüttelt, trank im Anschluss daran Alkohol und konnte nur mit Schlaftabletten zur Ruhe kommen.

In diesen Tagen bekam ich das Angebot für eine Filmrolle. Heute weiß ich, dass ich meine Trauer zum damaligen Zeitpunkt noch lange nicht verarbeitet hatte. Viel zu früh stand ich wieder vor der Kamera. Während der Drehpausen zog ich mich immer wieder zurück, von Weinkrämpfen geschüttelt.

»Herr Hannawald, bitte an den Drehort.«

Ich wischte mir die Tränen fort, holte tief Luft, ging hinaus vor die Kamera und Komödie spielen in der Serie »Zur Freiheit«. Regie führte Franz Xaver Bogner.

Viele meiner Schauspielerkollegen und Kolleginnen suchten das Gespräch mit mir, auch Franz Xaver Bogner. Aber ich war leider bereits viel zu tief in der Drogensucht gefangen, was man nicht übersehen konnte. Ich spielte hastig, fahrig und unkonzentriert. Das sprach sich natürlich herum bis hinein in die Redaktionen der Sender. Es war kein Wunder, dass nach und nach die Rollenangebote ausblieben, was ich keinem der Verantwortlichen rückblickend übel nehmen kann. Trotzdem meinte es das Schicksal aber immer wieder gut mit mir.

Es war ungewöhnlich, merkwürdig, wie die positiven und negativen Kräfte um mich herum kämpften. Ich bin überzeugt, von einem Heer von Schutzengeln und guten Befürwortern umgeben gewesen zu sein. Es kamen, trotz meines Drogenkonsums, doch immer wieder Rollenangebote. Jedes neue Rollenangebot verursachte Freudentaumel, aber leider war ich so sehr in dem Schmerz gefangen über den Verlust von Lucia und meinen Freunden Robert und Barbara, dass ich nicht fertig geworden bin mit dieser Bitterkeit des Lebens. Immer wieder brachen die Selbstzerstörungstriebe in mir auf. Alkohol und Drogenexzesse durch Schuldzuweisung. Heute, rückblickend und mit genügendem Abstand kann ich erkennen, welche negative Aura ich damals hatte, was mir zu jener Zeit natürlich überhaupt nicht bewusst war.

Das ist sehr bedauerlich, weil ich mir dadurch eine große, vorhergesagte Karriere selbstverschuldet verbaut habe.

Viele Freunde und Bekannte bemühten sich vergeblich um mich. Die Sucht nach Drogen, aber auch die Sucht nach Selbstzerstörung war größer. Ich fühlte mich tief in meinem Innern verantwortlich für den Tod meiner Freunde. Obwohl mir die Eltern meiner verstorbenen Freunde Robert, Barbara und Lucia nie Vorwürfe machten und ich auch weiterhin ein freundschaftliches Verhältnis zu ihnen hatte. Immer wieder versuchten sie mich seelisch aufzubauen, doch ich ertrank fast in meinem Selbstzerstörungswahnsinn.

Meine Welt, die der einsamen Stunden zu Hause, und die Welt des Spiels vermischten sich immer mehr. Immer tiefer geriet ich in einen Sog aufkommenden Wahnsinns. Immer tiefer sank ich in eine Ohnmacht, verlor vollkommen meinen Halt. Depressionen erschlugen mich jedes Mal nach Drehschluss mit ungeheuerer Wucht, wenn ich unsere Wohnung betrat.

Ein Freund von Barbara kam in diesen Tagen zu Besuch. Klaus, er war schwer heroinsüchtig. Er bot mir das Zeug an, erzählte mir, dass auch Lucia das öfter mal genommen hätte. Mir war alles egal, ich streckte ihm meinen Arm entgegen. Er setzte mir meinen ersten Schuss. Bis zu diesem Zeitpunkt war ich mit Kokain und Alkohol verheiratet.

In den kommenden Monaten steigerte sich mein Konsum von allem so, dass ich mehrmals komatös in der Wohnung lag. Eva kam, zog bei mir ein, drängte auf eine Beziehung. Gleichzeitig versuchte sie, mich vor so genannten Freunden zu schützen, die mich mit Stoff versorgten. Mein gesamtes Geld, das ich während der Dreharbeiten verdiente, gab ich für diesen Dreck aus.

Nach Monaten wog ich statt vorher 63 nunmehr 96 Kilo, war aufgeschwemmt von Alkohol und Fresssucht. Ich mischte Kokain mit Heroin, soff mindestens eine Flasche Whisky am Abend und beruhigte meinen Körper und Geist im Anschluss wiederum mit Schlaftabletten.

Selbstmord auf Raten.

Ich glaube, ich war zu feige, mir das Leben zu nehmen, durch Erhängen, Erschießen oder den goldenen Schuss. Irgendwie hing ich am Leben, andererseits war es mir scheißegal. Eva informierte Hannah und Ole.

## Flucht nach Nepal

Hannah reiste nach Nepal zu Sharmapa und bot mir an, sie zu begleiten. Ich kaufte ein Ticket über Indien nach Nepal, für eine Woche, ohne jegliche Impfung und ohne zu wissen, was mich erwartete.

Im Reisebüro, in dem ich die Tickets kaufte, lernte ich meine heutige Liebste Maria kennen. Genau genommen sah ich sie zum ersten Mal Wochen vorher auf einer Party, zu der Cleo K. mich mitgenommen hatte.

Maria war jung, lieb, sehr schön, hatte eine ungeheuer erfrischende Ausstrahlung, aber leider war ich nicht in der Lage, mit ihr richtig umzugehen, viel zu voll war ich mit Drogen.

Sie blieb am ersten Abend unserer Begegnung alleine zurück. Ich fuhr mit dem Taxi nach Hause, sturzbesoffen, randvoll mit Kokain, Heroin und Gott weiß was sonst noch allem.

Ich flog in meinem Zustand am Tag danach mit Hannah nach Indien über Delhi weiter nach Nepal. Bei meiner Ankunft lag ich mit Schüttelfrost, schmerzhaften Krämpfen sowie totaler Verzweiflung am Flughafen in Delhi. Hannah versuchte mich aufzubauen. Ich wollte nicht mehr von meinem Platz aufstehen, konnte auch gar nicht mehr. Hatte nur noch einen Gedanken im Kopf: Wo bekomme ich meinen nächsten Schuss Heroin?

Mutig hatte ich in München vor dem Abflug mein ganzes Heroin, das ich noch hatte, in die Toilette geworfen. Fest entschlossen, damit aufzuhören. Schwankend und besoffen stand ich über der Toilettenschüssel und spülte den Dreck hinunter. Doch in Delhi bekam ich solche Entzugserscheinungen, dass ich glaubte, ich müsse sterben.

Hannah wich mir nicht von der Seite. Ungeheuer einfallsreiche Geschichten erzählte ich ihr, weshalb ich ganz dringend das Flughafengebäude verlassen müsste. Hannah blieb hart. Wir übernachteten im Flughafen und warteten auf den Weiterflug nach Katmandu. Und wie das so ist in Indien, niemand wusste, wann die Maschine abflog.

Endlich angekommen in Katmandu, kotzte und schiss ich mich halb zu Tode; aber Hannah jagte mich auf einem Wanderpfad den Berg hoch, ich weiß nicht, wie viele tausend Meter.

Für die atemberaubende Berglandschaft hatte ich keine Augen, keine Nase für die wunderbar klare Luft, mein Körper schmerzte, die Lungen brannten, der Weg war steinig und steil. Er schien kein Ende zu nehmen. Immer wieder blieb ich erschöpft stehen, legte mich auf den Boden. »Ich gehe keinen Schritt mehr, Hannah, nicht einen Meter, ich kann einfach nicht mehr«, hauchte ich mit keuchender Stimme.

Der Marsch dauerte etwa zwei Stunden. Endlich erreichten wir das Kloster hoch oben in den Bergen. Wir wurden herzlich empfangen von liebenswerten Mönchen, von denen uns gleich einer zu Sharmapa führte.

Wir gingen durch eine große Meditationshalle, die von vereinzelten Kerzen erleuchtet war, flackerndes Licht fiel auf Buddhastatuen. Hannah warf sich einige Male der Länge nach vor den Statuen nieder, ich tat es ihr nach, was mir sehr schwer fiel, so erschöpft war ich von dem anstrengendem Fußmarsch. Meine Entzugserscheinungen wurden unerträglich.

Endlich waren wir im Zimmer von Sharmapa, das über der Meditationshalle lag. Sharmapa kam mit einem befreienden Lächeln auf uns beide zu, forderte uns auf, Platz zu nehmen. Hannah begann auf Tibetisch mit ihm zu sprechen. Sharmapa blickte mich während ihres Gespräches immer wieder an mit einem Ausdruck großer Besorgnis und tiefen Mitgefühls.

Dann sprach er mit mir. Ich gab ihm ein kleines Päckchen Heroin. Hannah hatte mir dazu geraten. In einem von Hannah unbeaufsichtigten Augenblick hatte ich es geschafft, in den Straßen von Katmandu an das Zeug zu kommen. Sharmapa nahm es entgegen und vernichtete es im Feuer, während er tibetische Mantren dazu sprach. Dann sagte er mit einem wunderbaren Lächeln, ich solle die von ihm rezitierten tibetischen Worte nachsprechen.

Bei Kerzenschein, duftendem Räucherwerk saß ich mit Hannah und Sharmapa im Kloster über dem Katmandutal, rezitierte Mantren, während mich Entzugserscheinungen quälten.

Meine Glieder schmerzten bis ins Innerste der Knochen, ich hatte das Gefühl, tausend kleine Ameisen würden mir durchs Knochenmark krabbeln. Fieberschübe, Schüttelfrost, dann wieder Hitzewallungen. Zu diesem körperlichen Chaos kam noch das Gefühlselend, in dem ich mich befand, für das ich aber selbst verantwortlich war: Schmerz und Trauer, in denen ich schwamm wie in einem See, der kein Ufer hatte. In diesen See sprang ich aus freien Stücken.

Jetzt war ich bemüht, das rettende Ufer zu erreichen. Saß hoch oben in nepalischen Bergen in einem Kloster und rezitierte diese Mantren gemeinsam mit Sharmapa und Hannah. Ich wünschte mir von Herzen Hilfe und meine Heilung. Vom großen Raum unter uns, in dem die Mönche meditierten, erklangen so genannte tibetische Muschelhörner. Kraftvoll tönten diese Blasinstrumente, begleitet von Trommeln und Schellen. Abrupt brachen diese seltsamen Klänge immer wieder ab. Zu hören waren dann nur mehr die tiefen sonoren Stimmen der Mönche, die in gleich bleibendem Rhythmus einer Trommel ihre Mantren rezitierten.

Ich fühlte mich leichter, blickte über flackernden Kerzenschein in Sharmapas Gesicht. Im offenen Fenster hinter ihm versank die Sonne über verschneitem nepalischem Hochgebirge, färbte die Bergsilhouette rosa bis lila.

Als es dunkel geworden war, verabschiedeten wir uns von Sharmapa, gingen hinaus aus seinem Raum, durchschritten die große Meditationshalle, die vom Schein der Butterlampen leuchtete. Draußen auf dem großen Platz befand sich gegenüber eine Küche. Offenes Feuer brannte, beißender Qualm, rußgeschwärzte Wände. Dort waren einige Mönche versammelt. Das Bild erschien mir unwirklich, wie aus einer anderen Welt, einer Zeit vor zweihundert Jahren vielleicht bei uns in Deutschland. Zampa wurde uns angeboten, tibetischer Buttertee. Alles roch sehr streng, sehr intensiv. Eine Mischung aus Schimmel, Räucherstäbchen und duftendem Schwarztee, der in einem riesigen Kupferkessel über dem Feuer dampfte. Während ich an dem sehr eigenwillig schmeckenden Buttertee nippte und Hannah sich mit den Mönchen auf Tibetisch unterhielt, dachte ich über das Angebot nach, das mir Sharmapa vor wenigen Minuten gemacht hatte.

Er hatte mir vorgeschlagen, mit ihm zu kommen, denn er befand sich in Reisevorbereitungen für den Weg in ein abgelegenes Tal hoch oben in den nepalischen Bergen. Dorthin lud er mich ein, um in vollkommener Abgeschiedenheit zu meditieren. Leider hatte ich nur acht Tage Zeit, dann musste ich zurück sein in München für die Fortsetzung der Dreharbeiten für die Serie »Zur Freiheit«. Ich bedauere noch heute, dass ich ein so einmaliges Angebot abgelehnt habe.

Nach meiner Rückkehr befand ich mich nach nur wenigen Wochen wieder im Drogensumpf. Ich versuchte alles, um mich davon zu befreien. Immer wieder zwang ich mir einen Radikalentzug auf. Ich schloss mich in meine Wohnung ein, warf den Schlüssel nach draußen einem Freund zu, gut mit Lebensmitteln und Getränken versorgt. Aber all das half nichts.

## Maria und der Kampf gegen die Droge

Ich traf mich mit Maria, die ich nach meiner Rückkehr aus Indien in ihrem Büro besuchte. Zaghaft und sehr behutsam näherte ich mich ihr, und wir gingen eine Beziehung ein, die immer stärker und enger wurde.

Sie war so jung, so erfrischend – und ich leider voller Drogen. Viele Gespräche führten wir über meinen Autounfall, die Trauer und meine Schmerzen. Immer wieder brach ich alleine in meiner Wohnung zusammen, wurde gequält von schweren Depressionen.

Nach Wochen fassten Maria und ich den Entschluss zusammenzuziehen. Ich verließ meine Wohnung, mit der so viele Erinnerungen an meine Freunde verbunden waren, und zog zu Maria.

Es war eine wunderbare Zeit, eine andere Welt. Maria kam aus behütetem Elternhaus, wo ich, wenn wir dort zu Besuch waren, immer herzlichst aufgenommen wurde. Die kindliche Art von Maria sowie ihre Unbekümmertheit in vielen Dingen des Lebens zog mich an.

Ich fand bei ihr und in ihrem Elternhaus das, wonach ich immer gesucht hatte, eine Familie. Gleichzeitig aber bildete ich mir ein, dass meine Vergangenheit für unsere gemeinsame Zukunft ohne Bedeutung sei, was sich als großer Irrtum herausstellte. Marias unerschütterliche Energie und die Liebe, die sie für mich aufbrachte, waren nicht in der Lage, mein Seelenchaos auf Dauer in Einklang zu bringen. Es half meist nur für kurze Zeit.

Ich drehte weiter, arbeitete und arbeitete, und immer wieder kam ich in Berührung mit so genannten Freunden aus alten Tagen. Aus falsch verstandenem Freundschaftsgefühl heraus konsumierte ich wieder. Sie, die ich traf und die teilweise bei mir wohnten, waren gleiche Seelenchaoten wie ich auch. Wie also soll ein Kranker einem Kranken helfen? Nach einigen Jahren im Wechsel selbst durchgeführter Entziehungen und wiederkehrender Rückfälle – in Jahren, die geprägt waren von Filmengagements, dann wieder von finanziellem Desaster und Drogenräuschen – kam es schließlich zur Katastrophe.

Im Kokainrausch spritzte ich mir eine Überdosis Heroin.

Nach durchzechter Nacht bekam ich in einem Münchner Nachtklub beim Weggehen ein Päckchen in die Hand gedrückt. Ich war ohnehin schon total voll mit Kokain, Alkohol und Tabletten. Zu Hause angekommen, öffnete ich das Briefchen und schnupfte eine große Menge von dem weißen Pulver.

Maria war zu dieser Zeit schon in ihrer Arbeit. Ich hatte es immer vermieden, ihr zu begegnen, wenn ich unter Drogen stand. In solchen Fällen blieb ich die ganze Nacht bis in den frühen Morgen aus und ging erst in die Wohnung, wenn ich sicher sein konnte, dass Maria bereits in der Arbeit war. So hat sie von meinem Drogenkonsum kaum etwas mitbekommen.

Natürlich lag ich am Abend, wenn sie zurückkam, verkatert im Bett, hatte eine Schlaftablette genommen und schlief wiederum eine ganze Nacht.

Zurück zum Morgen der Katastrophe: Innerhalb von Sekunden war ich high. Es war ja kein Kokain, sondern Heroin. Für meinen aufgeputschten, paranoiden Kopf genau das Richtige. Ein Wahnsinns-Hochgefühl. Die Paranoia war wie weggeblasen. Was dann geschah, kann ich nur bruchstückhaft zusammensetzen.

Ich ging in eine nahe gelegene Apotheke, kaufte mir Insulin-Einwegspritzen. Zu Hause verbarrikadierte ich mich im Flur hinter der Eingangstür in der Wohnung. Der Kokainrausch durchbrach immer wieder den Heroinrausch. Die immer wieder aufkommenden paranoiden Gefühle waren entsetzlich. Ich injizierte mir das halbe Päckchen Heroin.

Im Krankenhaus kam ich zu mir, ich wusste nicht, wer ich war und noch was geschehen war. Ich hatte mein Gedächtnis verloren, mein Erinnerungsvermögen, meinen Orientierungssinn. All das war nicht mehr vorhanden. Nur noch große, dumpfe Leere. Vierzehn Tage wurde ich in der Toxikologie im Klinikum Rechts der Isar in München im künstlichen Koma gehalten. Der Grund dafür war, dass ich die Schmerzen sonst nicht ertragen hätte. Mein Arm war über Stunden von mir abgebunden gewesen und so schwarz, dass man ihn amputieren wollte, was Maria nicht zuließ. Gott sei Dank. Ich hatte stundenlang in der Wohnung auf meinem abgebundenen Arm gelegen, in Erbrochenem, hatte dadurch zu wenig Sauerstoffzufuhr für das Gehirn, was zum Verlust meines Kurzzeitgedächtnisses führte.

Über ein Jahr war ich im Krankenhaus. Ich hatte mein Gedächtnis verloren. Maria besuchte mich täglich, kümmerte sich fürsorglich und aufopfernd um mich, auch engste Freunde kamen mich besuchen. Die Ärzte erklärten Maria, dass ich möglicherweise Zeit meines Lebens ein Pflegefall bleiben würde. Wir wollten das nicht hinnehmen, sie kämpfte um meinen Geist und ich um meine Seele.

Ohne die Unterstützung von Maria, Genia, Hannes und auch vielen weiteren Freunden hätte ich diesen Kampf nie gewonnen. Monatelang musste ich täglich an die Dialyse (Blutwäsche), meine Nieren wollten nicht mehr selbstständig arbeiten. Genia, die einstige Psychologiestudentin, die ich in meiner Jugendzeit in der Heckscher-Klinik kennen gelernt hatte, und ihr Mann Hannes kümmerten sich rührend um mich. Sie waren auch in Kreuth immer da, was mir sehr viel Kraft gab. Wir waren wieder in Verbindung gekommen, als sie mich damals in Kreuth besucht hatten. Auch meine Schwester Ramona, Wolf, Thomas, Lucias Eltern, Heini und Elli, und viele Freunde umsorgten mich sehr liebevoll. Dafür bin ich ihnen sehr dankbar. Es ist heute rückblickend kaum noch zu begreifen, was dann trotzdem noch alles passierte in meinem Leben.

Zwischendurch war der Kontakt wegen meines extremen Drogenkonsums abgebrochen gewesen, wie der zu vielen anderen Freunden auch. Heute kann ich das Verhalten dieser Freunde nachfühlen. Es ist schrecklich, einen Freund zu haben, der sich vorsätzlich und systematisch selbst zerstört, wie ich es getan hatte. Ich wollte nicht mehr leben. Doch Selbstmord konnte ich auch nicht begehen, dazu war und bin ich zu gläubig und wohl auch nicht mutig genug. Durch den gewachsenen Glauben an den Buddhismus war ich und bin davon überzeugt, dass man durch einen Selbstmord seinem Schicksal nicht entgeht. Ich glaube fest an die Wiedergeburt, wie sie der tibetische Buddhismus lehrt, und daran, dass man sein Karma zu le-

ben hat. Wenn man sich diesem Karma (Handeln) ent-
zieht, wiederholt sich das Leben oder wird an gleicher
Stelle bei Wiedergeburt fortgeführt.

Ich zerstörte mich auf Raten. Selbstmord auf Raten,
ja, das ist der richtige Ausdruck. Eine Psychotherapie
wäre für mich wichtig gewesen, doch meine Abnei-
gung gegenüber Therapeuten war aufgrund meiner
grauenhaften Erfahrungen als Kind in Haar und ist
auch heute noch zu groß. Zu tief verwurzelt sitzen
diese Erlebnisse mit den dortigen Ärzten in mir.

*

## Jobs und keine Rollen

Aufgrund meines Drogenkonsums wurden die Filmangebote immer dürftiger. Ich versuchte immer wieder, mich nach oben zu kämpfen, ich wollte nicht aufgeben.

Ich unternahm viele Versuche, mich beruflich und damit auch seelisch zu festigen. Ich begann eine Lehre als Koch, hoch verschuldet brach ich die Lehre wegen eines neuen Filmangebots wieder ab. Ich schrieb Drehbücher, die gelobt wurden, doch nicht gekauft und nicht verfilmt. Ich renovierte alte Möbel. Dann überführte ich Autos innerhalb Deutschlands für eine Münchner Firma. Ich arbeitete monatelang in einem Buchverlag, verlegte aber vor allem Teppiche gemeinsam mit meinem Bruder.

Zwei Monate lang stand ich im Hochsommer morgens um fünf Uhr auf und traf mich mit meinem Bruder, um vor den Toren Münchens in einem großen Firmengebäude Teppiche zu verlegen. Nach diesen zwei Monaten fuhr mein Bruder zum Chef der Firma, um unseren Lohn zu holen. Nach Wochen erst habe ich ihn wiedergesehen, sein ganzes und leider auch mein Geld hatte er versoffen.

Glück im Unglück – ich erhielt überraschend ein fantastisches Filmangebot für einen zweiteiligen Fernsehfilm, in dem mir an der Seite von Christine Neubauer die zweite Hauptrolle angeboten wurde.

In grenzenlosem Glückstaumel begann ich die Dreharbeiten, bei denen mich Maria viele Male besuchte. »Mali« hieß der Zweiteiler, der für den Bayerischen Rundfunk gedreht wurde. Regie führte Rainer Wolfhardt, ein wunderbarer Regisseur.

Ich hatte sehr viel Freude an der Arbeit mit ihm. Und ich werde ihm und der Produktionsfirma immer dankbar sein für die Chance, die sie mir gaben, um zu beweisen, was ich kann. Leider kam nach der Fernsehausstrahlung kein neues Angebot für mich, obwohl der Film und die schauspielerischen Leistungen in den Medien hochgelobt wurden. Durch diese Produktion konnten Marias und meine Verbindlichkeiten wieder beglichen werden. Wir leisteten uns noch einen Urlaub in der Sonne.

Dann zogen wir nach acht Jahren gemeinsamen Wohnens um. Unsere bisherige Wohnung war ein Mansarden-Einzimmer-Apartment gewesen, ohne Badewanne und Balkon, mit kleinen Dachfenstern im fünften Stock. Kein Aufzug. Unsere Tür stand immer offen für Freunde in Not, die in unserem Apartment mal für eine Nacht auf dem Sofa schliefen – manchmal aber auch für Wochen. Das Wenige, was wir im Kühlschrank hatten, wurde geteilt, oder ich zauberte manchmal davon ein Zwei-Gänge-Menü.

Glücklich zogen wir nun in eine Zweieinhalb-Zimmer-Wohnung. Kauften uns einen neuen Fernseher, einen Teppich, Lampen. Dazu kamen Kaution, Umzugskosten – und schon war das Geld von der Produktion »Mali« weitgehend aufgebraucht. Wieder kamen zwei Jahre ohne jegliches Engagement. Ich bezahle zehn Prozent meines verbrauchten Bruttoeinkommens an meinen Agenten und etwa fünfzig Prozent meines Bruttoeinkommens an Steuern. Allerdings kam ich noch nie in den Genuss, in Zeiten finanzieller Not vom Arbeitsamt Unterstützung zu bekommen. Zu verworren sind die Regelungen bei künstlerischen Berufen.

Schließlich fuhr ich mit einem Freund nach Südspanien und überführte mit ihm ein Fahrzeug. Er hatte keinen Führerschein. Ich musste also fahren, als Gegenleistung bezahlte er die Reisespesen, und vom Verkauf des Autos sollte ich 25 Prozent bekommen. Ich hatte gute Kontakte in Spanien für den Verkauf des Autos. Bedauerlicherweise fanden aber der Verkauf und die Abwicklung in Spanien ohne mich statt. Den vereinbarten Anteil des Geldes habe ich auch nicht bekommen. Enttäuscht von dieser Freundschaft, auf die ich vertraut hatte, saß ich nun ohne Geld in Südspanien. Ich telefonierte mit Maria. Sie erzählte mir, dass es ein neues Filmangebot gäbe, der Vertrag wäre bereits mit der Post unterwegs.

Euphorisch bat ich Maria, mir ein Flugticket auszulegen, was sie tat. Es war hinterlegt am Flughafen in Malaga. Mit einem guten Gefühl und dem Wissen, dass die finanziellen Probleme wieder aufgehoben wären, öffnete ich zu Hause freudestrahlend die Wohnungstür. Maria aber teilte mir bedrückt mit, dass die Produktion von »Der Bulle von Tölz« sich kurzfristig anders entschieden hätte. Das war ein Schlag!

Solche Erlebnisse und Erfahrungen gab es in dieser Zeit immer wieder. Nachdem ich den Schock verdaut hatte, führte ich am selben Abend Maria zum Essen aus. Wir versuchten, uns mit gutem Zureden gegenseitig aufzuheitern, wobei uns eigentlich mehr zum Weinen zumute war.

Es kamen Monate, in denen ich mich allein mit Gelegenheitsjobs über Wasser hielt, und das fiel mir nicht leicht. Ich arbeitete für eine Firma, die Fahrzeuge innerhalb Deutschlands überführte. Stoßstange an Stoßstange jagten wir teilweise mit 200 Stundenkilometern über die Autobahn. Pro abgeliefertes Fahrzeug gab es 15 Mark innerhalb Münchens. Wenn die Fahrt länger dauerte, beispielsweise nach Köln, bekam man 80 Mark. Dafür musste ich aber noch am selben Tag von Köln ein anderes Fahrzeug unentgeltlich zurückfahren nach München. Spät nachts war ich zu Hause, fiel erschöpft ins Bett. Ich habe diese Arbeit bald wieder aufgegeben, das Risiko war mir zu groß. Vor allem als es immer kälter wurde und der erste Bodenfrost einsetzte, nahm man in dieser Firma keine Notiz davon. Weiterhin fuhren wir die Autos mit hohen Geschwindigkeiten über die Autobahnen, teils bei Nebel, wieder Stoßstange an Stoßstange, um uns nicht zu verlieren. Anfangs wusste ich nicht, wohin das jeweilige Fahrzeug zu bringen war in den Städten Düsseldorf, Köln, Essen – in welche der Mietwagenstationen. Mir blieb nichts übrig, als mit allen anderen mitzuhalten, die wie Verrückte durch die Städte jagten.

Ich fiel in ein tiefes Loch. Zum ersten Mal kamen in mir Zukunftsängste hoch, die ich vorher nicht gekannt hatte.

Auf der Suche nach anderen Arbeitsplätzen gab es für mich so gut wie keine Chance. Wo ich mich auch vorstellte, ich hörte immer zu das Gleiche: »Sie sind doch Schauspieler, wieso arbeiten sie nicht in ihrem Beruf weiter?«

»Könnte ich das, wäre ich nicht hier«, war meine Antwort. Wenn ich dann auch noch erwähnte, dass ich im Falle eines neuen Filmangebots dieses bevorzugt annehmen würde, war das Vorstellungsgespräch

*198*

schnell beendet. Ich übernahm Renovierungsarbeiten in Wohnungen, jobbte in einer Bar, was oft sehr unangenehm war. Meist unterhielt man sich mit vorgehaltener Hand ganz ungeniert über mich, manchmal wurde ich auch um ein Autogramm gebeten.

Wenn es mir besonders schlecht ging, fuhr ich zum Friedhof zu Lucia, dort fand ich kurz etwas innere Ruhe. Gleichzeitig aber holten mich Erinnerungen ein, sodass ich wieder mit dem Trinken und dem Konsum von Drogen begann.

Manchmal bin ich nach Bad Reichenhall gefahren. In idyllischer Alpenlandschaft saß ich am Grab von Robert, seinem Vater und Barbara. Tage später war ich wieder am Grab von Lucia und ihrem Vater, der in diesen Jahren auch verstorben war. Oft war ich auch am Grab von Wolf. Gepeitscht von Emotionen, die nicht mit Worten zu beschreiben sind, konnte ich mit meinen Seelenqualen nicht anders umgehen, immer öfter flüchtete ich mich in den Drogen- und Alkoholrausch. Es halfen mir kein Extremsport, keine Marathonbergwanderung, kein Fitnessklub. Alles das hatte ich versucht, um mich abzulenken, in der Hoffnung auf wachsenden Abstand zu allem Erlebten.

Ich ließ mich fallen, tief hinein in den Drogenwahnsinn, in Alkoholexzesse. Losgelöst von jeglicher Moral, von Gut oder Böse überließ ich mich mir selber, machte Platz für alle negativen Energien um mich herum. Lud sie jeden Tag ein in mein Haus – in meine Seele. An Weihnachten in Selb bei Marias Eltern erlebte ich wieder einen dieser Träume, wie ich sie in meinem Leben bereits unzählige Male gehabt hatte.

Eine Vorankündigung, Vision – wie auch immer man das nennen mag: ein Traum, von dem ich hoffte, dass er nie Realität würde. Trotzdem wusste ich, dass ich das Rad des Lebens, im Buddhismus Samsara genannt, nicht anhalten kann. Es gab in meinem Leben Ereignisse und Begebenheiten, welche sich immer wieder in Träumen vorab ankündigten, Warnungen nicht von weltlichen Instanzen, oftmals kleinste, subtilste Hinweise.

Pass auf, nimm dich in Acht, gehe nicht dorthin oder dahin. Lass dich nicht mit diesen oder jenen Menschen ein. Mir wurde auch beim Kartenlegen durch meine Schwester, die es auf geradezu mystische Art beherrscht, vieles vorausgesagt. Oft so genau, als hätte sie das, was mich dann als Schicksal ereilen sollte, bereits vorab in einem Film gesehen. So präzise vermochte sie die Geschehnisse aus den Karten im Voraus zu erzählen. Im Frühjahr 1986, als ich mir zum ersten Mal bei Gerhard von Lentner die Karten legen ließ, schlug ich alle damaligen Warnungen in den Wind. Er prophezeite mir, ich würde den Film nicht beginnen, für den ich bereits den Vertrag unterzeichnet hatte. Ich habe es nicht für möglich gehalten, dass ich mich von Lucia trennen würde, wie er mir das aus den Karten gelesen hat. Dieses Mal allerdings hörte ich sehr genau auf meine Schwester Ramona. Ich hatte mir vorgenommen, dass ich es auf keinen Fall so weit kommen lassen würde, dass eine Prophezeiung mein Leben bestimmte. Ganz fest nahm ich mir vor, mich zurückzuziehen, zu meditieren.

Zurück in München – es war kurz vor Weihnachten 1997 – hatte ich alle mir selbst gegebenen Versprechen sehr schnell wieder vergessen.

Wenige Tage später war ich also mit Maria in Selb bei ihren Eltern, wo wir gemeinsam die Weihnachtstage verbrachten – im Kreise ihrer gesamten Familie, mit ihrem Bruder, seiner Frau und den drei herzerfrischenden Kindern: zwei Buben, Zwillinge, und ein Mädchen. Es war ein ausgelassener und fröhlicher Weihnachtsabend, so wie ich mir diese Abende als Kind immer gewünscht hatte: ein wunderschön geschmückter Weihnachtsbaum, Kerzen brannten, die Gans brutzelte im Ofenrohr, dampfendes Blaukraut duftete in der Küche, Knödel kochten im Wasser. Die Kinder saßen um uns herum am Küchentisch mit glänzenden Augen, unruhig zappelnd warteten sie auf das Christkind. Es wurde spät an diesem Weihnachtsabend. Mit glücklich zufriedenem Herzen, aber schweren Beinen wegen unserer gefüllten Bäuche, gingen wir zu Bett.

Schweißgebadet und von einem fürchterlichen Albtraum geplagt erwachte ich, ging in das Wohnzimmer. Dort bullerte und knackte der Ofen und verbreitete weihnachtliche Stimmung. Ich trank ein Glas Portwein, zündete mir eine Zigarette an und dachte über den Traum nach.

## Der Traum

Ich war auf der Flucht durch mir unbekannte Straßen. Wovor ich flüchtete, das wusste ich nicht, nur panische Angst quälte mich. Mein Geist befand sich in einem Nebel des Nichteinordnen-, Nichtzuordnen-, Nichtdenkenkönnens. Ich war in einem Treppenhaus, um mich herum ein Inferno, ein Lärm, der nicht zu definieren war. Ich stand im obersten Stockwerk dieses Treppenhauses, die Umgebung war mir völlig fremd. Ich zitterte am ganzen Körper, mir war heiß, dann kalt im Wechsel. Mein Herz raste, sodass ich jeden Moment glaubte, es würde explodieren. Unwahrscheinlichen Druck spürte ich im Kopf und auf meinen Augen. Irgendwer, irgendetwas näherte sich vom unteren Stockwerk dieses Treppenhauses her. Zusammengekauert wie ein Kaninchen saß ich zitternd in einer Ecke. Ich konnte nirgendwohin flüchten, musste mich dem, was mich verfolgte, entgegenstellen.

Plötzlich befand ich mich in völlig anderer Umgebung – mir ebenso unbekannt bedrohlich wie fremd. Ein Hof, umgeben von riesigen Mauern, mit kleinen vergitterten Fenstern. Um mich herum standen Menschen, die befremdend auf mich wirkten. War ich im Irak, in der Türkei? Ein etwa eins neunzig großer Mann mit Glatze kam auf mich zu, er sah aus wie »Meister Proper« aus der Fernsehwerbung. Er baute sich vor mir auf und führte mir Bodybuilding-Posen vor. Mit breitem Grinsen, die Arme erhoben, den Bizeps angespannt, sagte er: »Hey, du bist im Knast.«

Eine Horde von Albanern in blaugrauen Arbeiteranzügen lachte schallend. Sie hatten unrasierte Gesichter, Zahnlücken, tätowierte Hände und Arme.

Ich war so sehr in diesem Geschehen, in diesem Traum, dass ich die Umgebung buchstäblich riechen konnte, schmecken, fühlen. Ich war kurz vor einem Herzanfall, das Blut wich aus meinem Gesicht, meinem Hals, meinen Händen, aus Armen, Füßen. Es entwich so aus mir, als wären dies die letzten Sekunden meines Lebens.

Ich erwachte schweißgebadet, knipste die Nachttischlampe an, sah Maria neben mir liegen, friedlich und ruhig in tiefem Schlaf. Draußen vor dem Fenster stoben dicke Schneeflocken vor der Straßenlaterne vorüber. Ich erinnerte mich, dass Weihnachten war, dachte an den wunderschönen Abend zurück, wie wir noch vor wenigen Stunden mit Marias Eltern zusammen waren. Ich erinnerte mich an die Kinder mit ihren glänzenden Augen vor dem Weihnachtsbaum, wie sie voller Freude ihre Geschenke aus den Verpackungen rissen. Ungeduldig mit kindlich erregten Herzen. Schließlich fand ich zurück in meinen Schlaf.

## Der Bankraub

Wenige Tage später hat sich all das, was ich Weihnachten in Selb geträumt und was mir meine Schwester aus den Karten gelesen hatte, wirklich und tatsächlich so ereignet.

Ich überfiel zwei Banken an zwei aufeinander folgenden Tagen. Es war kurz nach Weihnachten in der ersten Woche des neuen Jahres. Die Ereignisse überschlugen sich. Ich kann heute nicht mehr sagen, warum ich im Alkohol- und Drogenrausch durch diese Tage taumelte. Es war, als hätte sich ein Dämon meines Geistes und auch Körpers bemächtigt. Es ist und bleibt unerklärlich, unfassbar für mich bis heute.

Ich konnte mich damals bei diesem Ereignis, den Banküberfällen, wie ein Zuschauer von außen beobachten. Ich konnte sehen, wie ich all das tat und was ich tat. Ich sah mich in das Haus flüchten, das Haus meines Traumes. Lief die Treppen nach oben. Es war das Treppenhaus meines Traumes. Die gleiche panische Angst wie im Traum hatte ich. Es war wie ein Film, in dem ich gleichzeitig Publikum und Akteur war.

Das Gefühl, das ich dabei empfand, kann ich nicht beschreiben. Diese Verzweiflung und Einsamkeit. Da standen zwei Polizeibeamte vor mir mit gezogenen Waffen, die sie beide mit ausgestreckten Armen auf mich richteten. Sie brüllten mich an, was ich aber nicht hörte. Ich war taub, ich sah nur die Gesichter, die in Zeitlupe ihren Mund auf- und zubewegten.

Ihre Gesichter wechselten von Hundefratzen mit fletschenden Zähnen zurück in die der brüllenden Gesichter der Polizisten. Ich betete still vor mich hin, rezitierte tibetische Gebete. War davon überzeugt, dass ich jeden Augenblick aus diesem Albtraum erwachen würde, zu Hause liege in meinem warmen Bett neben Maria.

## In der Zelle

Es war aber eine Holzpritsche, auf der ich Stunden später lag. In einem Kellerloch in der Ettstraße, im Münchner Polizeipräsidium. Graubraune, giftgrüne Wände umgaben mich. In den darauf folgenden Stunden füllte sich dieser Raum, dieses Kellerloch mit vielen Menschen.

Sie alle schienen aus den Kulissen des Films »Fellins Satyrikon« zu kommen. Zwei junge Männer, völlig am Ende, mit zerschundenen Leibern, zerstochenen Armen begaben sich in eine Ecke dieses Raumes, von Neonlicht spärlich beleuchtet. Eine dicke Staubschicht vermischt mit Nikotin hatte sich dort abgelagert. Es war, als säße ich irgendwo in einem Bahnhofskino, in den Sechzigerjahren, wenn die Lichter langsam erloschen, bevor der Film begann. Die beiden jungen Männer begaben sich zum WC, das in einer Ecke war, nur abgegrenzt durch eine schulterhohe Mauer ohne Türe, ohne Lüftung, ohne Papier. Eine blanke, kahle Kloschüssel war es, auf der einer der Jungen Platz nahm, nachdem er sich die Hosen nach unten gezogen hatte. Mit schmerzverzerrtem Gesicht stöhnte und wimmerte er, sagte zum anderen Burschen, der neben ihm stand: »Ich schaffe es nicht.«

»Mach mich nicht wahnsinnig, du musst, komm, streng dich an«, antwortete sein Kumpan. Schließlich kam eine Insulinspritze zum Vorschein, von irgendwo am Körper tauchte eine Nadel auf. Silberfolie war auch zur Stelle, Wasser nahm man aus der Kloschüssel, die Zeremonie konnte beginnen. Vier Leute teilten sich diese Spritze. Als der Vierte an der Reihe war, wurde die Nadel kurz gewetzt, weil sie bereits stumpf war. Blut floss in Strömen von den Armen dieser Süchtigen. Langsam wurden sie aber still, der Letzte schloss seine Augen, die Nadel noch im Unterarm, ein anderer kotzte ihm über seine Schulter. Es verbreitete sich in wenigen Sekunden ein Gestank, der nicht zu beschreiben ist. Ich schloss meine Augen, versuchte zu meditieren, ein feiner Duft von Cognac strömte durch meine Nase.

Ich öffnete die Augen, sah auf einen Adamsapfel, der sich hob und senkte mit einem Glucksen und Schnaufen. Ich begann unwillkürlich zu lachen. Lachte mehr und mehr, lachte so heftig, dass ich urplötzlich weinen musste, dann aber wieder lachen. Christian, ein kleiner hagerer Junkie, welcher für Wochen mein Begleiter werden sollte, baute sich vor mir auf, tanzte Michael Jacksons »Moonwalk«, wie ihn dieser nicht besser hätte tanzen können.

»Cool man, cool, bleib locker, ganz locker«, sagte Christian. Wirbelte durch diese dunkle, düstere stinkende Zelle, durch dieses Drecksloch, sodass ich tatsächlich für kurze Zeit vergaß, was geschehen war und wo ich mich befand.

Tage später in Stadelheim traf ich auf genau die Situation meines vorangegangen Traumes zu Weihnachten in Selb. Ich begegnete der Glatze, Popeye, beim Hofgang, der einstündigen Freiheit im Gefängnis. Albaner, Marokkaner, Kroaten waren um mich herum.

Popeye, die Glatze, grinste mich an, war bekleidet mit einem Trägerunterhemd bei nur einem Grad Außentemperatur, hatte eine blaue Hose an, die auf

Höhe der Knie abgeschnitten war, dazu Springerstiefel. So stand er vor mir. Vollführte Bodybuilding-Posen.

O mein Gott, warum hast du mich verlassen?, dachte ich, schloss meine Augen, lehnte mich an die kalte, graue Gefängnismauer, hoffte, dass mich die Wintersonne etwas wärmte bei all der Kälte, die mich innen wie außen umgab. Ich wollte weinen, doch traute ich mich nicht, den Tränen durch die geschlossenen Augenlider freien Lauf zu lassen. Ich wollte und konnte meine Gefühle vor den Mitgefangenen nicht zeigen. So blieb ich mit einem Kloß im Hals zurückgelehnt stehen, während ich versuchte, tief durchzuatmen, um das Zentrum meines Nabel-Chakra zu entspannen, da mein Bauch sich schmerzhaft verkrampfte und immer härter wurde. Ein Krampf, als würde eine Hand in meinen Eingeweiden wühlen.

Wenig später war ich in meiner Zelle – die Eingangstüre war aus Stahl, mit einer so genannten Kostklappe, die Fenster befanden sich in schrecklich desolatem Zustand. Sie konnten über einen Hebel geöffnet werden, der bis nach oben reichte zu einem kleinen Ausschnitt des gesamten Fensters. Dieses Fenster im Fenster hatte die Größe von etwa 30 Zentimetern im Quadrat. Es ließ sich öffnen, doch nicht richtig schließen. Es war Winter, ich befand mich im Westbau G3, im so genannten Betonbunker.

Die Wand zwischen einer Zelle zur nächsten bestand aus Betonblöcken, daran war eine Pressspanplatte befestigt, die man herunterklappen konnte. Das war mein Bett. Durch jahrzehntelange Nutzung hatten sich diese Blöcke, auf denen die Pressspannplatten auflagen, so gelockert, dass ich jedes Mal, wenn sich mein Nachbar in der benachbarten Zelle hinlegte, auf meinem Bett hochgerüttelt wurde. Ich wurde in der ersten Woche schier wahnsinnig, konnte nicht eine Nacht durchschlafen. Ich hatte einen sehr unruhigen Nachbarn, der in der Nacht und auch tags, ich übertreibe nicht, alle paar Minuten aufstand und sich wieder niederlegte. Jedes Mal gab es einen Ruck in meinem Bett.

Sobald die so genannte Nachtruhe eingetreten war, die ab 16.00 Uhr galt, im Sommer wie im Winter, begannen die Mitgefangenen, größtenteils Albaner, Mazedonier, Türken und Italiener, sich schreiend von Zelle zu Zelle und von Gefängnisblock zu Gefängnisblock über den Hof zu unterhalten. Alle in ihrer jeweiligen Landessprache. Das war jede Nacht so und ging bis in die frühen Morgenstunden. Man kann sich nicht vorstellen, was das für ein Höllenlärm war.

Wenn es dann endlich dunkel war draußen und auch in den Zellen – das Licht wurde zentral in allen Blöcken abgeschaltet –, dann begannen die Gefangenen zu bellen wie die Hunde, sie imitierten zahllose Tierlaute: Hühner, Katzen, schreiende Esel. Man kann sich solch ein Grauen nicht vorstellen, wenn man es nicht selbst erlebt hat.

Es gab in diesem Westbau noch eine Besonderheit, die mir in den ersten Tagen dort richtiggehend Angst machte. Das war so, dass irgendjemand anfing mit einem Aluminiumgefäß oder Blechteller gegen die Stahltüren zu schlagen. In wenigen Augenblicken taten das alle Gefangenen auf dem Zellenblock. Etwa vierzig Zellen, jede mit einer Stahltüre versehen, das ganze Gebäude aus Stahlbeton – und alle Gefangenen schlugen gleichzeitig mit ihren Tellern, Töpfen und

Pfannen gegen die Stahltüren. Ich war zum ersten Mal in meinem Leben vor etwa zweiundzwanzig Jahren in der Schweiz in einem Gefängnis gewesen: für die Dreharbeiten zu dem Film »Die Konsequenz«. Dieses Gefängnis war über einhundert Jahre alt. Doch selbst dort war es nicht so Ekel erregend und widerwärtig, was den Schmutz der Zellen anbelangt, wie in Stadelheim.

Es gibt die so genannten Schubzellen, das sind Zellen, die zum rückwärtigen Eingang des Gefängnisses Stadelheim hin liegen und als Durchgangsschleusen dienen. Diese Zellen sind zumeist vollständig mit schwarzen Kacheln gefliest.

Die Räume haben etwa acht Quadratmeter Grundfläche, ringsum an den Wänden sind Holzbänke befestigt als Sitzgelegenheit. In einer Ecke ist eine WC-Kabine, unten vom Boden und oben herum offen. In diesen Räumen musste ich mit bis zu zwanzig Gefangenen oft mehrere Stunden lang ausharren, wenn wir auf unseren Besuch warteten: alle vierzehn Tage dreißig Minuten.

Es gibt in diesen Wartezellen kein Fenster, keine Frischluft, nur Neonbeleuchtung voller Nikotinbelag, sodass kaum mehr Licht durch das Röhrenglas gelangt. Hoch oben an der Zellendecke ein kreisrundes Etwas von fünfzehn Zentimetern Durchmesser, das sollte die Lüftung sein: vollkommen verklebt von Staub und Rußpartikeln. Ich hatte oft darum gebeten – beim Wachpersonal, den so genannten Schließern oder Läufern, die die Zellen auf- und zuschließen, die Gefangenen von einer Zelle, von einem Zellenblock zum nächsten begleiten – hatte sie unzählige Male gebeten, wenn sie einen Neuen brachten oder einen von uns holten: »Lassen Sie doch nur für einige Minuten die Zellentüre offen, es ist hier kaum noch Luft zum Atmen!«

»Ja, ja, des is schlimm, i woaß des scho, aber was soll i da mocha? Vorschriften san hoit amal so, wie's san.«

Schon hatte er die Türe hinter sich krachend ins Schloss fallen lassen. Wieder hieß es warten, eine Stunde, zwei Stunden, drei Stunden, bis zu sechs Stunden hatte ich manchmal in solchen Zellen ausharren müssen.

Es gibt einen Teil, einen sehr kleinen Teil Beamter in Stadelheim, die etwas Menschliches an sich haben. Der Rest, das entspricht meinem subjektiven Eindruck, der Rest sind recht ungebildete, einfache Menschen mit wenig Gefühlsregungen im Herzen, für alte Haudegen in diesem Geschäft halten sie sich. Manche von ihnen sind schon weit über dreißig Jahre in diesen grauenhaften Gemäuern tätig.

Es ist zwar durchwegs so, dass man von allen Beamten, wie es die Hausordnung vorschreibt, mit »Sie« angeredet werden sollte. In der Regel aber ist es meist so, dass es heißt: »Du, reingehen in die Zelle. Du, mitkommen aus der Zelle. Du, der Anwalt ist da.« Selbst darf man sich als Gefangener nicht erlauben, einen Wachmann mit »du« anzureden. Das kann bei mehrmaliger Wiederholung üble Folgen haben, disziplinarische – bis zu einer Unterbringung im so genannten Bunker, einem Gefängnis im Gefängnis. In diesen Räumen gibt es kaum Licht, keine Kleidung, außer die Unterhose; auf dem Boden liegt eine Matte. Das Essen erhält man in Aluminiumblechtellern. Bei Suizidgefahr, und diese besteht bei beinahe allen, die dorthin kommen, gibt es kein Besteck. Man hat das Essen mit den Händen reinzuschaufeln.

Während dieser Zeit in Stadelheim starb meine Mutter, am 12. Mai 1998. In den vorangegangenen Tagen dachte ich viel an meine Kindheit, träumte von meiner Mutter. Sie war weit entfernt und lachte mich an. Ich konnte sie nicht erreichen. Ich wurde wach, war unruhig und wusste nicht warum. Ich rauchte eine Zigarette und schaute zwischen den Gitterstäben hinaus in die Nacht, während starker Regen über die Scheibe rann.

Als ich erwachte am Morgen, holte man mich ins Büro.

»Herr Hannawald, ihre Mutter ist gestorben«, teilte man mir trocken mit. »Ihre Freundin hat gerade angerufen.« Der Richter hatte genehmigt, dass ich zur Beerdigung durfte.

Zurück in meiner Zelle, empfand ich Trauer vermischt mit Leere und Wut, auch schlechtes Gewissen. Am nächsten Tag stand ich an Mutters Grab, umgeben von vier Polizisten. In Handschellen suchte ich in meinen Erinnerungen nach ihr. Ich wollte sie mir in meinen Gedanken vor mein inneres Auge holen. Es gelang mir nicht. Ich wollte weinen, trocken war mein Mund und meine Kehle, so dick war der Knödel der Bitterkeit und des Schmerzes, der mir im Hals steckte und mir die Stimme nahm. Ich war nicht in der Lage, die Trauer mit meiner Schwester Karin in Worten zu teilen.

## Horror in Haar

Sechs Monate wartete ich auf meinem Prozess, sechs einsame Monate. Ich hatte großes Glück. Viele meiner Mitgefangenen warteten bereits seit Jahren auf ihr Verfahren.

Drei Verhandlungstage waren anberaumt. Ein ungeheurer Medienrummel herrschte vor dem Gerichtsgebäude und im Gebäude. Aber auch viele Freunde waren da, einige die ich Jahre nicht gesehen hatte, was mich sehr freute, mir Energie und neuen Mut gab.

Am dritten Verhandlungstag fiel das Urteil. Fünf Jahre Haft mit sofortiger Unterbringung in die Psychiatrie Haar. Es war ein entsetzliches Gefühl, als der Richter meine Unterbringung nach Haar anordnete. Obwohl mein Anwalt Roland Hasl mir immer wieder bei seinen Besuchen in Stadelheim versichert hatte, dass es in Haar viele Änderungen gegeben hätte, bekam ich panische Angst bei der Vorstellung, wieder dorthin gebracht zu werden. Bedauerlicherweise haben sich meine Befürchtungen bestätigt. Zu keinem Zeitpunkt habe ich in Haar die erhoffte Unterstützung gegen meine Drogensucht, geschweige denn eine Therapie erhalten. Zu Beginn meiner Unterbringung wurde mir von einem Psychologen namens A. Coolman gesagt: »Herr Hannawald, mit Ihrer Straftat haben Sie sämtliche bürgerlichen Rechte verwirkt.«

Damit sollte er Recht behalten. In Haar wird man entmündigt, ist man kein Mensch mehr. Ich bekam viel zustimmende Post nach meiner Entlassung, als ich bereits in einem Interview einer Zeitung über die Zustände in dieser Klinik erzählte, Post von ehemaligen Betroffenen und Angehörigen von Patienten, die Haar in ähnlicher Weise erlebten.

Ich war also nach über fünfundzwanzig Jahren wieder in der »Burg«. Mit vier weiteren Patienten teilte ich die Zelle. Allesamt konsumierten sie täglich Heroin im Zimmer. Bei den einmal wöchentlich stattfindenden Therapiegesprächen, wir waren zehn bis zwanzig Patienten in diesen Gruppen, hatten die meisten Patienten große Mühe, auf ihren Stühlen sitzen zu bleiben. Zugedröhnt mit Heroin, fielen ihnen fortwährend die Augen zu. Bei den täglichen einstündigen Hofgängen flogen über den hohen Stacheldrahtzaun die Päckchen in den Innenhof.

Der Dienst habende Pfleger war eingeweiht, erhielt Geld und schaute dafür weg, während Patienten die Päckchen einsammelten. Abends im Gemeinschaftszimmer setzen sich meine Mitpatienten ihre Heroinspritzen. Ich war verzweifelt, wusste nicht, was ich tun sollte. Vor allem war ich in solch schlechter Verfassung, wegen der fünf Jahre, die vor mir lagen, dass ich immer wieder versucht war, mich gehen zu lassen, mir auch so einen Schuss zu setzen. Ich erhielt von keinem der Mitarbeiter Unterstützung, auch nicht in anderen Häusern, in die ich im Laufe meines Aufenthaltes verlegt wurde. Oft versuchte ich, in ein anderes Zimmer zu kommen. Aber ohne Angaben von Gründen wollte man meiner Bitte nicht nachkommen. Natürlich wollte und konnte ich die anderen Patienten nicht preisgeben. Es gibt nichts Schlimmeres als Verräter.

Meine Therapie sah so aus, dass ich von morgens bis nachmittags Steckdosen schrauben musste. Zu Ostern und Weihnachten für die Firma Dallmayr Kaffeetüten kleben. Alle paar Monate gab es die so genannte Stufung zwei bis fünf. Fünf war das Höchste, das man erreichen konnte, und bedeutete Geländeausgang in der Gruppe, begleitet von einem Pfleger. Eine Stunde Spaziergang auf dem Gelände. Von Haus zu Haus waren die Regelungen unterschiedlich. Von Haus zu Haus besserten sich die Freiheiten. Wieder Monate später konnte ich in Begleitung meines Besuches auf das Gelände. Wenige Monate vor meiner Entlassung durfte ich alleine auf dem Gelände zu meinem Arbeitsplatz gehen.

Dr. E., einer von vielen Ärzten, erzählte uns bei den so genannten Visiten, die einmal wöchentlich stattfanden, dass er von Daytop, wie auch von allen anderen Therapieeinrichtungen in und um München, nichts hielte. Das sei alles neumodischer Firlefanz. Arbeit und nochmals Arbeit, das sei die einzig richtige Therapie für uns Drogensüchtige.

Drogenkontrollen fanden mehrmals wöchentlich statt. Das ging folgendermaßen vor sich. Wir hatten uns bis auf die Unterhose zu entkleiden, dann ging ein Pfleger mit uns auf das Personal-WC, das dem großen Patientenbadezimmer angegliedert war. In einen kleinen Plastikbecher mussten wir urinieren. Der Pfleger hatte zwei Plastikspritzen bei sich, auf denen der Name des jeweiligen Patienten stand, der an der Reihe war. Auch auf dem Becher stand der Name des Patienten. Wenn der Becher halb voll war durften wir uns nicht weiter über dem Personal WC erleichtern, wir mussten uns zurückhalten, was meist nicht anders möglich war, als den Schwanz in die Hand zu nehmen und zuzudrücken. So gingen wir dann durch das große Badezimmer, weiter durch den angrenzenden großen Schlafraum mit etwa zehn Betten bis zur Türe, die hinaus auf einen großen Flur führte, und dort gab es eine Türe ins Patienten-WC. Erst hier durften wir uns erleichtern. Ich und alle meine Mitpatienten waren gezwungen, über die gesamte Zeit unseres Aufenthaltes dies mehrmals wöchentlich über uns ergehen zu lassen. Das Schlimmste war, dass uns während des Urinierens mit bis an die Knie heruntergelassenen Unterhosen – ansonsten waren wir völlig nackt – der jeweils Dienst habende Pfleger ohne Unerlass auf den Penis schaute. Ich war oftmals so verzweifelt über diese demütigende und entwürdigende Vorgehensweise, dass mir wiederholt die Nerven versagten. Da habe ich dann den noch leeren Becher dem Pfleger vor die Füße geworfen und gesagt: »Ich mache das nicht mehr mit.« Ganz abgesehen davon konnte ich meist tatsächlich unter diesen Umständen keinen Tropfen hervorbringen.

Das kam einer Verweigerung gleich, und ich erhielt einen Eintrag in das Kadex, ein Buch, in dem sämtliche Auffälligkeiten aller Patienten minutiös festgehalten wurden. Wir nannten es das »Nikolausbuch«. Jedes noch so private und intime Gespräch, selbst beiläufigste Bemerkungen im Laufe des Tages, fanden sich im Wortlaut in diesem Buch wieder. Vermerkt mit kleinen Fußnoten jedes x-beliebigen Pflegers: Patient war aggressiv, Patient hat gelogen, Patient ist depressiv – und so weiter. Diese Eintragungen dienten dem Arzt auch für sein Gutachten vor Gericht oder für die alle sechs Monate stattfindenden Anhörungen beim

Richter, der dann je nach Laune die Aufhebung der Unterbringung oder die Fortdauer anordnete, abhängig auch von der Länge der verhängten Haftstrafe.

Dieses »Nikolausbuch« bewirkte bei uns Patienten, dass keiner von uns auch nur das kleinste Vertrauen hatte, weder zum Pflegepersonal noch zu den Therapeuten oder Ärzten. Einzelsitzungen zwischen Therapeut und Patient nannten wir »Märchenstunde«. Denn wir alle haben das erzählt, was man von uns hören wollte. Nur nicht die Wahrheit. Die Wahrheit über unsere psychische Verfassung. Viel zu oft machten wir die Erfahrung, dass sehr schnell schwere Antidepressiva verabreicht wurden, wenn man über Depressionen klagte. Lösungsangebote in Form von Gesprächen gab es selten.

Das Unglaublichste, was ich erlebte, war, dass einer meiner Mitpatienten ein Verhältnis mit einer Mitarbeiterin, einer Schwester, hatte. Sie war heroinsüchtig, der Mitpatient versorgte sie mit Stoff. Als Gegenleistung vertauschte sie den Urin dieses Patienten, der opiat-positiv gewesen wäre, mit dem anderer Patienten. Über Monate ging das so. Über diesen Vorfall wurde sogar in der Presse berichtet.

Einige Patienten wurden aufgrund der falschen Befunde zurückverlegt in vorige Häuser, sie mussten das so genannte Therapieprogramm von vorne beginnen. Es kam sogar vor, dass jemand wegen dieses Vorfalls zurück in das Gefängnis musste. Es wurde dem Betreffenden Therapieunwilligkeit unterstellt. Diese Ereignisse gingen auch durch die Medien, wurden aber von Seiten der Anstalt relativiert. Das alles wären Gerüchte, nichts sei bewiesen. Wenige Monate vor meiner Entlassung wurde mir gestattet, nach Köln zu reisen, um in der Sendung »Boulevard Bio« aufzutreten, in die ich von Alfred Biolek eingeladen worden war. Zu dieser Zeit war ich bereits in Außenarbeit im Zuge des Resozialisierungsprogramms. Das bedeutete, ich durfte morgens die Anstalt verlassen und kehrte am Abend nach der Arbeit zurück. Auch konnte ich zu diesem Zeitpunkt, wie viele andere meiner Mitpatienten, alle vierzehn Tage für einen oder zwei Tage nach Hause: Sozialkontaktpflege zur Familie und zu Angehörigen. Vorbereitende Eingliederung in die Gesellschaft zur Unterstützung der Entlassung. Nach meiner Rückkehr aus Köln musste ich Urin abgeben, womit ich keinerlei Problem hatte. Bedauerlich ist, dass es den Ärzten gar nicht darum ging, ob ich Drogen konsumiert hatte. Das hat man mir wörtlich von Seiten des Personals so gesagt. Es ging vielmehr darum, eine Regel einzuhalten, die besagt, Kreatinin unter 50 wird sanktioniert. Kreatinin sind Eiweißschlackenstoffe im Urin. Je weniger davon im Urin sind, umso näher liegt der Verdacht, dass viel Flüssigkeit aufgenommen wurde, um den Urin so zu verdünnen, sodass ein Nachweis von Drogenrückständen nur noch sehr schwer, oft gar nicht mehr möglich ist. So lautete die Aussage der Ärzte in Haar. Also wurde in Haar die Regel aufgestellt: Kreatinin unter 50 wird sanktioniert, unerheblich, ob der Betroffene Drogen konsumiert hatte oder nicht.

Als ich zurückkam aus Köln, sagte mir ein Pfleger: »Bist gut rübergekommen im Fernsehen, kannst dich gut verkaufen. Ja, was ich noch sagen will: Leider sind dir deine Wochenendheimfahrten gestrichen bis auf weiteres. Deine Kreawerte waren weiter unter 50, 48 um genau zu sein.«

Ich versuchte, mich mit meinem Anwalt in Verbindung zu setzen, was mir nach einigen Tagen gelang. Er telefonierte mit dem zuständigen Arzt in Haar, versuchte zu vermitteln, was zur Folge hatte, dass der zuständige Arzt mir sagte: »Ich verbitte mir, von Ihrem Anwalt belästigt zu werden. Wenn das nicht aufhört, dass Sie sich mit ihrem Anwalt in Verbindung setzen, können wir auch ganz anders, wenn wir wollen, Herr Hannawald. Eine Unterschrift von mir, ein Anruf bei Gericht, das geht schneller, als Sie glauben, und Sie sind wieder im Gefängnis. Im Übrigen ist das, was Sie wollen, nämlich Ihre Haaranalyse, für uns vollkommen unerheblich. Wir haben unsere eigenen Methoden, und auch Sie haben sich danach zu richten.«

Es wurde beraten, was mit mir geschehen sollte. Maria wurde auch unter Druck gesetzt. Aufgelöst und in Tränen besuchte sie mich, nachdem sie ein Gespräch mit der zuständigen Ärztin hatte. Das Ergebnis des ganzen Chaos war die Streichung meiner Außenarbeit. Ich habe diesen Arbeitsplatz dadurch verloren. Das war noch in der Zeit, in der ich im Haus 64 BO untergebracht war, bei Dr. D.

Für Monate musste ich wieder mit Mitpatienten auf dem Gelände in der Transportgruppe arbeiten: schweres Mobiliar tragen, Treppen rauf, Treppen runter, von einem zum anderen Haus. Oft haben wir Möbel, die wir lieferten, tags darauf wieder abgeholt. Hundert Kilo schwere alte Schreibtische. Teils mit Tragegurten. Arbeitstherapie nannte sich das. Ludwig, der Chefpfleger, sagte mir in diesen Tagen, ich sollte froh sein über diesen Kompromiss, so nannte er diese Sanktion mir gegenüber. Ich hätte mich zu weit aus dem Fenster gelehnt. Geschlossen wäre von Seiten anderer Pfleger und der Ärzteschaft Front gegen mich gemacht worden. Angeblich hätte sich sogar das Ministerium mit meiner Angelegenheit beschäftigt.

Ich hatte am Ende tatsächlich den Eindruck, ein schweres Verbrechen begangen zu haben, weil ich mich an eine Münchner Tageszeitung gewandt hatte. Am liebsten hätte man mich abgefüllt mit Psychopharmaka, um mich ruhig zu stellen, so wie das mit den meisten meiner Mitpatienten gemacht wurde. Ludwig sagte mir noch, ich sollte mich bei Dr. E. entschuldigen für das, was in der Presse über Haar geschrieben wurde. Ich hätte dann bessere Chancen, in ein paar Monaten wieder mal für einige Stunden nach Hause zu dürfen. Meinen Arbeitsplatz draußen in der Stadt, den bekäme ich nicht wieder, da sei nichts zu machen.

Zerrissen von einem großen inneren Konflikt, ging ich zu Dr. E. und entschuldigte mich für etwas, das in der Presse stand und mit jedem Satz der Wahrheit entsprach. Aber was konnte ich anderes tun? Schließlich wollte ich so schnell wie möglich Maria wiedersehen. Als ich bei Dr. E. war und ihm meine Entschuldigung anbot, wurde er sehr wütend. Immer wieder erwähnte er, dass mein Kontakt zur Presse mir sehr geschadet hätte. Er ließe sich in der Öffentlichkeit nicht so mit Dreck bewerfen. Vor allen Dingen aber auch die Staatsanwaltschaft nicht, mit der er eben noch in meiner Angelegenheit telefoniert hatte, wie er mir sagte. Er zeigte mir ein Schriftstück, in dem die Staatsanwaltschaft anfragte: »Wünscht Herr Hannawald einen Abbruch und die Rückführung in den Strafvollzug?« Ich war zu feige, Dr. E. gerade ins Gesicht zu sagen: Ja, das wünsche ich – denn das hätte noch viereinhalb Jahre Gefängnis bedeutet.

Angeblich würde mir im Falle eines Therapieab-
bruchs nur das halbe Jahr Untersuchungshaft angerechnet auf meine fünf Jahre Haft, nicht aber ein einziger Tag von Haar. Eine Lüge, wie ich nach meiner
Entlassung erfuhr. Jeder einzelne Tag in Haar oder
auch im Gefängnis musste angerechnet werden. Dr. E.
erzählte noch vieles. Wie er sagte, hielt er sich für eine
Vaterfigur. Er liebte es, wie er sagte, wenn er harte
Kerle aus dem Gefängnis im Griff hatte. Ich habe ihm
schweigend zugehört, ohne wirklich bei der Sache zu
sein. Ich kannte ja diese Äußerungen von ihm bereits:
über Drogentherapie, Politik und seine Heldentaten in
den Kriegsjahren.

In den darauf folgenden Wochen wurden mir immer wieder neue Arten von Sanktionen mitgeteilt,
hierzu holte man mich manchmal sogar nachts aus
dem Bett:

»Weißt du, wir wollen dir ja nichts Böses, aber du
hast dich einfach zu weit aus dem Fenster gelehnt.
Gleich mit der Presse, das haben vor dir schon andere
versucht, weitaus Größere als du. Leg dich nicht mit
uns an, wir sind der Staat, du ziehst in jedem Fall den
Kürzeren.«

Dann, vollkommen unmotiviert, zusammenhang-
los: »Bist ja gar kein schlechter Kerl, ich hab mir deine
Filme gerne angesehen. Schau, dass du wieder ins Geschäft kommst nach deiner Entlassung. Du kannst an
diesem System nichts ändern, das haben wirklich
schon andere vor dir versucht.«

Ich saß schweigend vor diesem Pfleger, voller Zorn,
auch ohnmächtiger Verzweiflung. Dann erzählte dieser mir noch, dass Alfons, mein Mitpatient, der sich
das Leben genommen hatte, sehr krank war. Früher

oder später hätte der sich so oder so das Leben genommen. Gott im Himmel, das ist nicht wahr, das ist
doch nicht das Jahr 2000 heute in Deutschland, dachte
ich. Alfons war über Monate mit schwersten Antidepressiva ruhig gestellt worden, gemeinsam mit
Sascha. Beide schlurften apathisch stundenlang nebeneinander her, trotteten den langen Flur auf der Station hin und her, sodass der Boden bereits stark abge-
nutzt war. Wenn ich den beiden zusah, dachte ich an
Rainer Maria Rilkes Gedicht »Der Panther«:

*Sein Blick ist vom Vorübergehn der Stäbe*
*so müd geworden, dass er nichts mehr hält.*
*Ihm ist, als ob es tausend Stäbe gäbe*
*und hinter tausend Stäben keine Welt.*

*Der weiche Gang geschmeidig starker Schritte,*
*der sich im allerkleinsten Kreise dreht,*
*ist wie ein Tanz von Kraft um eine Mitte,*
*in der betäubt ein großer Wille steht.*

*Nur manchmal schiebt der Vorhang der Pupille*
*sich lautlos auf –. Dann geht ein Bild hinein,*
*geht durch der Glieder angespannte Stille –*
*und hört im Herzen auf zu sein.*

*(September 1903)*

Alfons sprang dieser Tage vor die S-Bahn. Alle
mochten Alfons gerne. Er hatte uns Mitpatienten
meist aufgeheitert, trotz großer eigener Probleme.
Sascha ging es tagelang besonders schlecht. Ein kindlich wirkender Mann mit 26 Jahren, Polytoxikomane.

Das ist jemand, der wahllos alle Arten von Drogen, auch alle Arten von Tabletten schluckt, die er bekommen kann. Deshalb war er auch verurteilt worden und nach Haar gekommen. Er hatte Rezepte gefälscht, um an die begehrten Medikamente zu gelangen. Und in Haar wurde er über Monate hinweg mit diesen Medikamenten ruhig gestellt.

Wenn ich gewusst hätte, was mich in Haar erwartete, hätte ich mich nie auf den Vorschlag meines Anwalts eingelassen. Er selbst hatte sich leider auch irreführen lassen durch Berichte, welche die Anstalt Haar anders darstellten, als sie wirklich war. Ich behaupte heute rückblickend, dass ich meine Strafzeit im Gefängnis sinnvoller genutzt hätte. Das Schlimmste in Haar war die ständige Konfrontation mit Patienten, die Drogen konsumierten.

Im Gefängnis wäre mir zumindest eine Berufsausbildung ermöglicht worden, vor allem aber hätte ich mehr Ruhe und Rückzugsmöglichkeiten gehabt. In Haar war ich Tag und Nacht von Mitpatienten umgeben. Im Schlafsaal waren es etwa zwölf Betten, jeder Patient hatte auf dem Nachtkasten seinen eigenen Fernseher stehen. Die ganze Nacht hindurch bis in den frühen Morgen flimmerten viele der Geräte. Es musste keine Nachtruhe eingehalten werden. Die große Deckenbeleuchtung brannte die ganze Nacht hindurch, sie wurde nicht abgeschaltet mit der Begründung, man müsse die Patienten auch Nachts im Schlaf beobachten können. Oft geriet ich nahe an den Rand des Selbstmords in dieser Anstalt – so krank war mein Nervenkostüm infolge des ungenügenden Schlafs geworden, so verzweifelt war ich in den zwei Jahren wegen unzähliger Erziehungsmaßnahmen.

Viele Wiederholungstäter wurden mit Glacéhandschuhen angefasst. Bei Wutausbrüchen, wo schon mal einer mit dem Messer auf einen anderen losging, oder wenn Mitpatienten innerhalb der Anstalt mit Drogen gedealt hatten, wurden nur relativ milde Sanktionen verhängt. Ich aber habe meinen Arbeitsplatz verloren, musste auf dem Gelände Möbel schleppen, nur weil ich verbal angegriffen hatte.

Zwischen der täglichen Arbeitstherapie – Kondomschachteln verpacken, Kaffeetüten kleben – hatten wir immer wieder mal Jammer- und Klagestunde bei den Sozialarbeiterinnen, Frau G. und Frau K. Die beiden waren unser einziger Lichtblick, ebenso der Pfleger Thomas. Meist waren wir neun Personen in der Gruppe. Eng und stickig war es in diesem Mansardenzimmer, das den beiden Sozialarbeiterinnen zur Verfügung stand. Laut und deutlich haben viele meiner Mitpatienten den Wunsch nach einem Abbruch geäußert, sie zogen es vor, anstelle in Haar im Gefängnis zu sitzen. Dort wusste man wenigstens, wie man dran war, was die Haftstrafe und den Entlassungszeitpunkt anbelangte. In Haar gab es nichts als unendlich viele Seifenblasengespräche mit Verantwortlichen. Man hatte kein konkretes Entlassungsdatum, nichts, woran man sich festhalten konnte. Das war meist die Thematik unserer Gesprächsgruppen. Die beiden Sozialarbeiterinnen stimmten uns zu, doch mehr konnten sie nicht tun für uns. Dass es nichts gab, woran man sich festhalten konnte, dem stimme ich heute zu hundert Prozent zu.

Schade war, das wenig Positives mit uns Patienten unternommen wurde. Es staute sich Frustration auf Frustration. Jeden Tag gab es irgendjemanden, der kurz vor einem Amoklauf stand wegen der Willkür und mit klarem Verstand nicht nachvollziehbaren Erziehungsmaßnahmen. Einige meiner Mitpatienten waren oft nahe dran, Dr. D. die Fresse zu polieren, wie sie sich auszudrücken pflegten. Ich habe mich oft gefragt, ob denn den Ärzten, auch dem Pflegepersonal, ihre eigene oft bedrohliche Lage nicht bewusst war – meist dann, wenn sie Mitpatienten verbal so in die Enge trieben, dass sie sich anderes gar nicht mehr zu Wehr setzen konnten. Die wenigsten Patienten besaßen genügend Intellekt, um mit derartigem psychologischem Terrorismus fertig zu werden. So kam es dann auch immer wieder vor, dass einer meiner Mitpatienten durchdrehte. Die Konsequenzen für die Betreffenden waren gleich schwer zu ertragen wie die vorangegangenen Verbalattacken der Ärzte und des Personals. Aber auch viele meiner Mitpatienten waren manchmal schwer zu ertragen, wenn ich ihnen bei ihren Gesprächen ungewollt zuhören musste.

Ein Patient A: »Wir bleiben in Kontakt, bei mir bekommst du das beste Opium.«

Antwort des anderen Patienten B: »Ach, ich möchte kein Opium, ich will mir einen bohren (das bedeutet Heroin intravenös).«

Antwort Patient A: »Auch das bekommst du, das feinste, beste, dass es dich wegbeamt.«

Patient B: »Ich werde mir einen bohren, dass ich fünf Tage liegen bleibe bei meiner Entlassung.«

Patient A: »Was ist, machen wir was, wenn wir draußen sind?«

Patient B: »Keine Frage, wir bleiben in Kontakt. Was kosten hundert Gramm?«

Patient A: »Viertausendfünfhundert.«

Patient B: »Das ist ein Superpreis, da kann man darüber reden. Ein Kilo, was kostet ein Kilo?«

Patient A: »Da ist kaum finanzieller Spielraum.«

Patient B: »Ist doch alles für den Arsch. Wo ist das denn hier eine Drogentherapie. Nicht mal eine Ausbildung kann man hier machen. Wir stehen doch alle vor einem Riesenberg Schulden, wenn wir entlassen werden. Arbeit finden wir sowieso nicht, bei den Millionen Arbeitslosen, die es schon gibt. Von irgendwas muss man ja leben. Man verbringt in Haar Jahre, wir gehen täglich in die Arbeitstherapie, Tüten kleben, Steckdosen schrauben, Kondomschachteln verpacken.«

Patient A (sarkastisch): »Immerhin haben wir einmal die Woche Gesprächsgruppe. Dass dort nicht die Wahrheit gesprochen wird, interessiert doch keinen. Die angeblich vertraulichen Gespräche mit dem Therapeuten werden sowieso mit den Ärzten besprochen. Aber irgendetwas muss man ja erzählen, sonst wird man nicht weitergestuft. Da fällt mir ein, letzte Woche habe ich denen vielleicht einen Scheiß erzählt.«

Leider muss ich sagen, die beiden hatten Recht mit allem, was sie über diese so genannte Therapie äußerten. Oberste Priorität für alle Patienten ist es in allen Häusern auf dem Gelände Haar, möglichst schnell gestuft zu werden von den Ärzten. Ich musste während der zwei Jahre meines Aufenthaltes in Haar viermal von einem Haus ins andere ziehen. Dann auch noch innerhalb der Häuser von einem Stockwerk ins andere und auf den Abteilungen selbst noch mehrmals von einem Schlafsaal zum anderen. Es war fürchterlich. Mir und vielen meiner Mitpatienten war es dadurch unmöglich, innerlich zur Ruhe zu kommen.

Bei diesen häufigen Wechseln musste ich mich jedes Mal auf neue Personen einstellen, ob Pflegepersonal, Patienten oder Ärzteteam. Jedes Haus und jede Abteilung hatte andere Regelungen, was den Tagesablauf betraf. Das war noch zu akzeptieren. Aber unzumutbar für die Angehörigen waren die ständig wechselnden Besuchszeiten, bei denen sich nicht nur die Uhrzeiten, sondern auch die Wochentage änderten. Das war für viele Angehörige eine enorme Belastung.

Einmal hatten auf der »Burg« sechzehn Patienten einen Drogenrückfall in Gemeinschaft. Masberger, ein Mitpatient von mir, musste noch während der Therapie zurück ins Gefängnis nach Straubing zu einem so genannten »Zwischenvollzug«. Ein solches Vorgehen der Justiz kann man nicht in Worte fassen, allein der Begriff für sich demaskiert den baren Unsinn.

Alle, die von Straubing, Bernau oder sonstigen Gefängnissen wieder nach Haar zurückkamen nach ihrem »Zwischenvollzug«, waren in den Gefängnissen wieder alkohol- oder drogenrückfällig geworden, nachdem sie zuvor in Haar therapiert worden waren. Sie waren meist clean, bevor sie in den Strafvollzug zurückgebracht wurden. Und den Steuerzahler kostet ein solcher Patient in Haar jährlich etwa 100.000,– DM.

Mein Eindruck ist, dass die Ärzte in Haar wenig Interesse haben, an diesen Zuständen etwas zu ändern. Es gibt kaum eine Kontrollinstanz. Ich habe von Mitarbeitern der Anstalt gehört, dass bei manch zweifelhaftem Treiben angeblich nicht einmal die Bundesärztekammer einschreitet. Die Kompetenzen und Verantwortlichkeiten für das BKH Haar sind – für Außenstehende sehr verwirrend – aufgeteilt zwischen unterschiedlichen Ministerien.

Ein Herr L. ein etwa siebzig Jahre alter Rentner, ist in Haar Patientenfürsprecher. Er geht von Haus zu Haus, führt Gespräche mit meist verängstigten, auch eingeschüchterten Patienten. Ich selbst hatte in den zwei Jahren meines Aufenthaltes drei, maximal vier Gespräche mit ihm.

Herr L. kam meist zu den Patientenmeetings: Ärzte und Pflegepersonal saßen gemeinsam mit ihm auf der einen Seite, wir auf der anderen. Alles war in bester Ordnung. Wenn ein Patient sich zu Wort meldete, um über Probleme zu sprechen, die die Allgemeinheit betrafen, kam gleich von ärztlicher Seite der Einwand: »Das betrifft Sie ganz persönlich und gehört nicht hierher. Dafür müssen Sie sich in einem Einzelgespräch mit Herrn L. zusammensetzen.« Beim ersten Mal, als ich mich an Herrn L. wandte, hatte ich den Eindruck, dass er Angst hatte vor – ich weiß nicht was oder wem in höher gestellter Position in dieser Anstalt. Eine Angst, wie ich sie selbst nicht einmal hatte, und ich war ja immerhin im Gegensatz zu ihm Patient, er jedoch ein freier Mann, ein vom Ministerium Beauftragter, um die Interessen der Patienten zu vertreten. Eine Farce. In meinen Augen war Herr L. eine reine Alibifigur und als einzelner Sprecher für Tausende von Patienten total überfordert. Wie ich hörte, hatten sich die Grünen dafür stark gemacht, dass dieser Mann der Richtige für die Patienten in Haar wäre.

Ich gewann den Eindruck, als herrsche hier ein Sumpf von intriganten Machenschaften, als handle es sich um eine mafiaähnlich strukturierte Firma oder eine Art geheimer Bruderschaft – zwischen Ärzten, Staatsanwälten, bis hinein ins Ministerium. Dabei denke ich zurück an das Gespräch mit Frau Dr. H.

Dr. H.: »Seien Sie ja vorsichtig, Herr Hannawald, mit ihren Pressekontakten. Wir können auch ganz anders, ganz anders könnten wir mit Ihnen verfahren, wenn wir wollten. Also seien Sie vorsichtig, denn es zeichnet sich ab, dass auch ich nichts mehr für Sie tun kann. Die Konsequenzen haben Sie ganz allein zu verantworten, Herr Hannawald. Eine Unterschrift von mir und kein Hahn kräht mehr nach Ihnen.«

Was hatte ich damals getan? Ich hatte mich, wie schon gesagt, wiederholt beschwert, dass ich es entwürdigend finde, im Beisein eines Pflegers in einen Plastikbecher zu pinkeln, während mir der Pfleger dabei ununterbrochen auf den Penis sieht. Ich hatte einem Pfleger gegenüber geäußert, diese Praktiken nicht hinnehmen zu wollen und nach meiner Entlassung etwas dagegen zu tun.

Weiter hatte ich einmal das Wort für einen Mitpatienten ergriffen, der sich strikt weigerte, ein Medikament einzunehmen, von dem er nicht wusste, was es war. Er wollte wissen, welches Medikament er schlucken musste.

Von Seiten der Schwester wurde ihm keine Auskunft erteilt. Das sei eine Anordnung des Dr. D., Patienten bräuchten nicht zu wissen, was sie einnehmen, und schon gar nicht hat sie der Beipackzettel zu interessieren. Wenn er das Medikament nicht einnähme, müsste er die Konsequenzen tragen. Diese Schwester kam aus den neuen Bundesländern.

Da habe ich mir erlaubt, mich einzumischen. Es ging um Sascha, den ich sehr mochte und der sich selbst in solchen Situationen nie wehren konnte.

Emotional aufgebracht sagte ich zur Schwester: »Ich finde es eine Schweinerei, wie Sie mit Sascha umgehen. Er ist verdammt noch mal wegen Medikamentenmissbrauchs hier. Er ist hier, um von diesem Dreck loszukommen. Ihr seid dazu da, ihm zu helfen, und tut genau das Gegenteil. Ihr stopft ihn voll mit Psychopharmaka. Wie kommen Sie überhaupt dazu, ihm Konsequenzen anzudrohen? Diese Methoden haben sie wohl in der DDR erlernt? Aber hier ist die Bundesrepublik. Hier hat man auch als Patient gewisse Rechte.« Leider lag ich damit falsch, wie ich heute weiß. Man hat – gemäß bestimmten Paragraphen abgeurteilt und untergebracht in Haar – so gut wie keine Rechte mehr. Das sei angeblich sogar gesetzlich so festgelegt, wurde mir vom Pflegepersonal in Haar gesagt, es gebe außerordentliche Regelungen unter § 64 StGB. Für Patienten in Haar gelten nicht einmal die so genannten Genfer Konventionen für Menschenrechte.

Ich möchte kurz den Ablauf einer Visite beschreiben. Sie fand meist in irgendwelchen Räumlichkeiten des Hauses statt. Es gab für diese Visiten keinen gesonderten Raum. Es wurden die Räumlichkeiten genutzt, die gerade zur Verfügung standen. Einmal wöchentlich fand sich das Tribunal ein. Mit zwanzig bis fünfundzwanzig Mitpatienten saßen wir in engen, stickigen Mansardenzimmern und warteten auf unseren Auftritt. Im Nebenraum war das Tribunal versammelt, bestehend aus Ärzten, Pflegern und Psychologen.

Dr. D.: »Wie geht es Ihnen, Herr Hannawald?«

Ich: »Danke, gut, und selbst?«

Dr. D: (Keine Antwort). Er blickte in die Runde seiner Kollegen. Grinsen auf allen Gesichtern.

Dr. D: »Sie sind sehr viel ruhiger geworden. Sie widersprechen nicht mehr. Das fällt mir angenehm auf an Ihnen. Haben Sie noch etwas auf dem Herzen?«

Ich: »Nein.«

Dr. D.: »Ja, das war's dann schon wieder. Oder hat von Ihnen noch jemand eine Frage an Herrn Hannawald?« So wandte er sich fragend an seine Mitarbeiter. Von denen kam nur einmütiges Kopfschütteln.

Dr. D.: »Dann schicken Sie doch bitte den Nächsten rein, Herr Hannawald.«

Das war die Visite. Nun zur Therapiestunde. Bei der Therapiegesprächstunde einmal wöchentlich im Kreis von zehn und mehr Mitpatienten durften wir über unsere Probleme berichten. »Märchenstunden« nannten wir Patienten, wie gesagt, diese Sitzungen. Meist kamen nicht mehr als zwei Patienten zu Wort, dann war die Stunde vorüber. Und die Arbeitstherapie, über die ich schon berichtet habe: Wir durften Tüten kleben. Kaffeetüten für die Firma Dallmayr.

Ich möchte noch von einem Ereignis erzählen, das mir wichtig erscheint und als Beispiel dient für viele derartige Vorgänge:

Kniesel, ein Mitpatient, wurde an einem Überbein am großen Zeh operiert. Es ging ihm nicht gut. Körperlich und auch psychisch. Tage nach der Operation kamen Wachleute vom ZSD (Ziviler Sicherheitsdienst), die auf dem Gelände Haar arbeiteten und die Patienten bewachten. Sie holten Kniesel ab. Er schaffte es gerade noch, eine kurze Nachricht für seine Freundin aufzuschreiben, die ihn an diesem Tag besuchen wollte. Dann wurde er mit einem großen Karton unterm Arm weggeführt, humpelnd auf seinen Krücken. Der Grund für seine Verlegung zurück auf die »Burg« war nicht etwa Drogenrückfall oder Alkohol, auch hatte er keine Wutanfälle gehabt wie andere hier, die daraufhin zurück mussten auf die »Burg«.

Das einzige Vergehen von Kniesel war: Unbeugsamkeit. Ein schwieriger Fall. Seine vielen Fragen und daraus entstandenen Diskussionen mit den Ärzten sowie dem Pflegepersonal waren zu lästig geworden. Zu schwierig. Was tut man mit schwierigen Fällen? Man unterzieht sie einer Schocktherapie. Rückstufung, Streichung der Geländeausgänge, Streichung der Geländearbeit und im Extremfall wie bei Kniesel: zurück auf die »Burg«. Hochsicherheitstrakt.

Solche Rückstufungen bedeuteten für die Betreffenden manchmal bis zu sechs Monate, die sie länger in Haar bleiben mussten. Das ganze Programm begann danach von vorne. Am schlimmsten dabei ist die Distanz zu den Angehörigen, die dadurch wieder entsteht, weil man sich auf der »Burg« in den ersten Wochen nur durch eine Trennscheibe sehen kann. Ein halbes Jahr Strafexkursion innerhalb der Mauern von Haar. Hierfür benötigt das Ärzteteam weder eine richterliche Genehmigung noch ist es irgendjemandem Rechenschaft schuldig.

Das ganze System war grotesk. Oft mussten wir Patienten lachen, auch wenn uns nicht danach zumute war. Es wird therapeutisch derart antiquiert verfahren, dass es mir oft die Sprache verschlug. Anstelle mit rückfällig gewordenen Patienten zu arbeiten, Gespräche zu führen, Wege für eine Lösung zu suchen, werden Bestrafungen vorgenommen für jegliche Art von Vergehen. Für ein unordentlich gemachtes Bett, unordentlich eingeräumte Schränke, nicht abgelegte Straßenschuhe beim Betreten des Hauses, für alle diese »Vergehen« bekamen wir Patienten zum Teil härteste Bestrafungen. Eine harte Strafe für uns war die Besuchssperre oder der Verlust der Außenarbeit oder dergleichen. Ich habe sogar erlebt, dass einem Familienvater für mehrere Wochen untersagt wurde, seine Kinder zu sehen.

Thomas, ein Pfleger mit dem ich mich recht gut verstand, wurde in dieser Zeit entlassen. Er war einer von wenigen Lichtblicken gewesen in diesem Theaterstück »Haar«. Thomas hatte mir ein Paket ausgehändigt, das ich mit der Post bekommen und das Dr. D. mir weggenommen hatte. Thomas gab es mir wieder, weil er keinen Grund sah, warum ich es nicht bekommen sollte. Noch während ich beim Auspacken des Paketes war, kam Dr. D. und forderte mich auf, es ihm zurückzugeben. Gleichzeitig sagte er, auch ich sollte mich fertig machen. Er ließ mich abholen und auf die »Burg« bringen. Er wollte auch die Polizei verständigen. Ich hätte widerrechtlich aus seinem Büro das Paket entwendet, sagte er zu mir. Ich wollte ihm nicht sagen, dass der Pfleger Thomas mir das Paket gegeben hatte. Später klärte sich alles, was aber letztendlich dazu führte, dass Thomas gehen musste.

Manchmal, wenn ich auf meinem Bett saß und meditierte, fiel mein Blick auf die gegenüberliegende Wand, die zugeklebt war mit Hardcore-Pornographie. Draußen läuteten die Glocken zur Abendandacht. Vom Stockwerk tiefer, von der Frauenforensik, erklang Klaviermusik von Chopin, die zerhackt wurde von lautem, hysterischem Frauengeschrei aus derselben Abteilung.

Die Glocken hörten auf zu läuten, die Frauenstimme verstummte. Das Fenster war offen, Vögel zwitscherten, die Sonne schien ins Zimmer. Einer meiner Mitpatienten, Daniel, stampfte mit seinen drei Zentner Lebendgewicht durch den Schlafsaal wie ein trüffelsuchendes Wildschwein. Er rannte herum, als wäre er auf der Flucht. Und immer wieder wurde es ruhig, nur das Zwitschern der Vögel war zu hören.

Doch plötzlich kam dann wieder lautes Stimmengewirr vom Badezimmer her. Schrecklich laut und hallend. Der Schlafsaal war diesem Baderaum angeschlossen. »I can live without you« von U2 ließ ein Patient von seinem Gettoblaster in einer Lautstärke ertönen, als wäre die Band im Zimmer. Dann herrschte wieder einsame Stille, so als ob alle noch schlafen würden. Ja, ich war eben in Haar. Es war wie ein schlechter Traum, der keiner war, wie ein Film aus vergangenen Kindertagen – denn als Kind war ich ja auch bereits in Haar gewesen. O Gott, es war ein Albtraum.

Oft flüchtete ich mich in Gedanken weg von diesem Ort, flüchtete mich in Kindheitserinnerungen. Ich war überrascht, dass mich damals die wenigen schönen Erinnerungen meiner Kinderzeit einholten, dass es sie überhaupt gab. Ich dachte an den Kiosk nahe der Kiesgrube, wo Vater Baggerfahrer war. Da saßen alle immer beisammen, der dicke Git, der Italiener Stefano, Arbeitskollegen von Vater. Ich dachte an die Besitzerin, die wir Großmutter nannten. Der Kiosk war Kohle- und Holzverkaufsstelle, auch Hasen, Hühner und anderes Getier konnten gegen Bares erworben werden, oder man bekam sie im Tausch gegen andere Güter.

In der bewaldeten Umgebung wuchsen zur entsprechenden Jahreszeit Blaubeeren, Himbeeren auch Pilze in Hülle und Fülle. Wenn Vater uns am Wochenende vom Waisenhaus nach Hause holte, im ölverschmiertem Overall mit seinen Freunden Bier trank,

Karten spielte oder einfach nur da hockte vor Erschöpfung und Müdigkeit von seiner Arbeit, ging ich mit meinen Geschwistern mit Milchkannen zum Blaubeerpflücken oder Pilzesuchen.

In diesem Wald gab es mannshohes Farnkraut, riesige moosbedeckte Flechten, umgestürzte Bäume, deren Wurzeln geheimnisvoll bedrohliche Erdhügel aufwarfen, wo dunkle Höhlen klafften. Dort war es spannend. In diesem Wald waren Märchen, war Abenteuer, Schönheit und Angst immer ganz nahe beieinander. Märchen der Gebrüder Grimm lebten dort, Hänsel und Gretel, der Wolf und die sieben Geißlein. Später waren es keine Märchen mehr. Da war es das Lied: »Warte, warte nur ein Weilchen, bald kommt Haarmann auch zu dir, mit dem Hacke-Hacke-Beilchen macht er ...«

Ja, und jetzt war ich mitten unter Haarmanns und Konsorten. Auch die gab es auf diesem Gelände in Haar. Mutanten, Andersartige in allen Variationen, Frauen wie Männer.

Manchmal ging ich an anderen Häusern vorüber, wenn wir in der Gruppe spazieren gingen, in Begleitung von Pflegepersonal, und aus diesen Häusern kamen oft die wildesten und mysteriösesten Laute. Ein Schwein, das geschlachtet wird, Affen, die glaubten, Hunde zu sein, Hunde, die dachten, sie seien Hühner, alles an Denkbarem und Undenkbarem gab es in Haar. Ich glaube, dass die, die lange Jahre als Pflegepersonal dort arbeiten, gar nicht mehr in der Lage sind, zu unterscheiden zwischen der Welt innerhalb der Mauern und draußen. Es muss so sein, dass das Privatleben mit dem innerhalb der Anstalt verschwimmt, ineinander übergeht. Was ist Wirklichkeit, ist es die innerhalb der Mauern oder außerhalb? Wie lässt sich nach zehn- und mehrjähriger Tätigkeit noch unterscheiden zwischen drinnen und draußen?

In jedem steckt ein Dr. Jekyll und ein Mr. Hyde, jeder spielt doch am Tag und während der Arbeit immer wieder eine Rolle, einen bestimmten Charakter, der er genau genommen gar nicht ist. Inmitten all dieser Ereignisse versuchte ich mir immer wieder einzureden, dass das alles keine wirkliche Bedeutung besaß. Trotzdem war es nervlich belastend, sich diesem Geschehen nicht entziehen zu können. Wenn ich einzuschlafen versuchte, jagten oft Bilder durch meinen Kopf wie in einem völlig zusammenhangslosen Film. Ich versuchte dann zu meditieren, wanderte, im Geist mich niederwerfend, um den heiligen Berg Kailash, ein buddhistisches Heiligtum im Himalaja.

Dann stand ich wieder vor der Kamera, umgeben von einem Filmteam, Bilder aus der Arbeit, Erinnerungen wurden wach. Aus der Zeit der Dreharbeiten zu dem Film »Die Konsequenz«. Alles vorbei, zu Ende. Am Ende solcher Gedanken hing ich stranguliert auf dieser Abteilung in Haar im Badezimmer, lag blutüberströmt in der Badewanne. Hatte die Pulsadern aufgeschlitzt.

Was tue ich hier? Was hast du für Gedanken? Hörte ich mich fragen. Nein, und nochmals nein, ich richtete mich auf, meditierte, sprach hastig buddhistische Mantren, konnte aber keine Ruhe in mir finden, keinen Punkt, kein Nichtsein, kein Schwarz, kein Weiß, nichts, nur durcheinander jagende Bilder. Die Toten, ich dachte bei meinen Meditationen an alle, die ich kannte, und an die ich täglich dachte. Ziel- und wahllos jagten ihre Gesichter vor meinen geschlossenen

Augen vorüber. Weinen, nein, das half schon lange nicht mehr. Das sitzt zu tief. Zu viel Wut ist in mir, als dass ich mich mit Weinen in den Schlaf hätte retten können. Alles, was wir sind, alles, was wir tun, was wir sehen, fühlen, *is eclipsed by the moon*. Ein Song von Pink Floyd aus der Platte »The Dark Side of the Moon«. Nein, ich konnte es nicht tun. Völlig losgelöst, leise, platsch, platsch, platsch, tropfte das Blut auf den kalten Linoleumboden, heiß war mir, dann kalt, immer heftiger wurde das Sausen in meinem Kopf, mit jedem Tropfen Blut ertränkte ich einen dieser Ärzte. Was für ein Karma! Was für eine Odyssee durch Zeit und Raum, wogendes Glück der Liebe, Verzweiflung, Schmerz, Trauer und grenzenlose Einsamkeit. Ich blieb da, ich bin noch da, freue mich.

Ich bedaure heute sehr, dass mir – wie ich es sehe – keine nennenswerte therapeutische Hilfe gegeben wurde. Ich habe keine Lösung anzubieten, wie das »Programm« anders gestaltet werden könnte. Doch über 80 Prozent der Patienten werden rückfällig, oft noch während des Aufenthaltes dort. Oder bald nach ihrer Entlassung. Nach nur wenigen Wochen in Freiheit sind sie alle wieder in Haar. Ich habe sogar erlebt, dass einer morgens entlassen und am Abend von der Polizei wieder gebracht wurde. Diese Gegebenheiten lasse ich einfach mal so stehen. Sie sprechen für sich.

## Zur Freiheit

Endlich hat es geklappt. Hurra, hurra, ich bin frei! Na ja, beinahe frei. Die Entlassung findet morgen statt – das schrieb ich am 1. August 2000 in Haar in mein Tagebuch.

Und weiter: Das Gefühl ist einfach unbeschreiblich. Heute bin ich den ganzen Tag in dem Gebäude und auf dem Gelände herumgelaufen, habe alles noch einmal auf mich wirken lassen. Ich ging zu dem ehemaligen Kinderhaus, wo ich ja vor über dreißig Jahren als Kind im Alter von elf bis dreizehn untergebracht war. Ein sehr eigenartiges Gefühl überkam mich, ungeheure Wut stieg in mir auf. Ich war nahe daran, Tränen zu vergießen – aus Wut, aus Freude, aus grenzenlosem seelischem Schmerz, wenn die Erinnerungen in mir aufsteigen.

Ich kann es nicht wirklich fassen, dass ich nun wieder frei sein werde. Ich bin geneigt, in meiner Euphorie der wiedergewonnenen Freiheit alles Vergangenheit sein zu lassen, abzuhaken, zu vergessen, als sei es nie geschehen, hätte nie wirklich stattgefunden, so als wäre es einfach nur ein Albtraum gewesen, der nun zu Ende ist. Ich bin glücklich. Karmapa tsche no, karmapa tsche no – ein tibetisches Zufluchtsmantra, das ich immer und immer wieder in den zurückliegenden zweieinhalb Jahren vor mich hin gesprochen habe und das mir sehr geholfen hat.

Es ist wirklich. Ich träume nicht. Morgen werde ich endgültig entlassen, kann wieder nach Hause. Vor we-

nigen Minuten habe ich noch die so genannte Belehrung erhalten, wie jeder Patient, der entlassen wird.
Das muss so sein. Ohne die Teilnahme an dieser Belehrung kann und darf ein Patient nicht entlassen
werden.

Nach zweieinhalb Jahren des Psychoterrors stellt
sich die Situation nun so dar, als wären wir hier alle
eine große Familie und als wäre alles zu meinem, zu
der Patienten Bestem gewesen. Dr. E. zeigt sich von
der besten Seite, väterlich freundschaftlich, liebens-
wert, humoristisch, sehr belesen, weltoffen, bedauerlicherweise ist er aber sein eigener Gefangener in dieser
seiner Welt und den Reglements, die er selbst mitver-
antwortet, wie er sagt. »Könnte ich, wie ich möchte,
würde ich manches anders machen.«

Ich will positiv in die Zukunft schauen, also will
ich glauben, dass alle sich bemühen, die hier und in
den Gefängnissen arbeiten, dass sie, wann immer sie
Verantwortung haben, positiv denken, vor allem aber
positiv handeln werden und sich nicht selbst als den
Nabel der Welt, der guten Welt, betrachten und glauben, dass alles um sie herum geläutert, belehrt, erzo-
gen, gebessert werden muss. Ganz besonders das Personal, die kleinen Soldaten, bei denen im eigenen
Leben so vieles im Unreinen ist und die es sich wohl
deshalb zur Aufgabe gemacht haben, hier alles und jeden zu bessern. Reinigt euren Geist, bevor ihr andere
zu belehren sucht, und belehrt nicht, wenn ihr leer
seid!

Drei Wochen nach meiner Entlassung war ich mit
Maria in Rom, für eine Nacht und zwei Tage. Ich hatte
mir vorgenommen, dass diese Reise nach Rom die erste und wichtigste nach meiner Entlassung sein sollte.

Vor 25 Jahren hatte ich dort in Rom einen Disput mit Gott. Einen Streit, ein Streitgespräch, das ich in Gedanken mit ihm führte, damals im Petersdom, als ich wegen der Aufnahmen für meinen dritten Kinofilm einige Wochen lang in Rom lebte. Nun wollte ich einen Friedenspakt mit ihm schließen. Ich hoffe, er hat meine Entschuldigung und mein Friedensangebot erhört, angenommen. Doch, ich hatte jetzt im Petersdom ein gutes Gefühl, ich glaube, dass er mir aufmerksam zuhörte.

So hoffe ich nun, ein neues Leben beginnen zu können.

Karmapa tsche no. Gott, ich danke dir.

## Erkenntnisse

Das Nachfolgende ist mir persönlich sehr wichtig: Ich habe mir als Kind bei meiner letzten Flucht aus Haar diesen Schwur geleistet, dass ich das Nachstehende irgendwann veröffentlichen möchte.

Menschen, die heute noch in der Psychiatrie untergebracht sind, würde ich so gerne Hilfreiches sagen. Leider weiß ich nichts zu sagen, was ihre Lage lindern könnte. Bitte glauben Sie mir, niemand bedauert das mehr als ich selbst. Ich weiß keinen Rat. Leider hat, wie ich selber erfahren musste, die Psychiatrie eine Position, die unserem Rechtssystem übergeordnet zu sein scheint. Ein Staat im Staat. Richter stützen sich im Wesentlichen auf die Gutachten von Ärzten bei der Entscheidung über die Unterbringung von Menschen in psychiatrischen Kliniken. Ich bin heute mehr denn je davon überzeugt, dass eine Gesetzesreform unbedingt notwendig wäre. Es darf in unserem 21. Jahrhundert nicht so mit Menschenschicksalen umgegangen werden, wie das seit Hunderten von Jahren bis heute getan wird. Es bleibt mir nur die Hoffnung und der Wunsch, dass die Verantwortlichen sich dieses Themas annehmen, und das sind ohne jeden Zweifel die Regierenden. Nur sie können Reformen erwirken. Ich persönlich würde mir wünschen, dass Menschen, die die Legitimation besitzen, über andere Menschen zu urteilen, konsequent auf ihre Fähigkeit dazu überprüft werden. Damit meine ich Richter, Ärzte und Gutachter in gleichem Maß.

Ein Auto muss alle zwei Jahre zum TÜV. Für Menschen, die über das Leben anderer Entscheidungen treffen, sollte das Gleiche gelten, denn sie bestimmen immerhin das Schicksal von Menschenleben. Es ist kaum nachvollziehbar, dass zur Beurteilung des Geisteszustandes eines Menschen heute noch Methoden und Verfahren benutzt werden, die nachweislich schon lange überholt und nicht mehr zeitgemäß sind.

Die körperliche Gewaltanwendung durch Verabreichung von Psychopharmaka gegen den Willen des betreffenden Patienten muss ein Ende haben. Ich bin sicher, dass jeder Mensch Fairness und Gerechtigkeit für sein eigenes Leben wünscht. All diejenigen, welche unbewusst oder bewusst ihren Mitmenschen körperliche und geistige Verletzungen zufügen, im Glauben, im Recht zu sein durch den gewählten Beruf oder justiziable Macht, sollten hier umdenken.

Alles, was wir tun im Leben, ist wie eine unsichtbare Welle, die bis ins Universum reicht. Dort gibt es eine Energie, die ich Gott nenne. Wir alle werden irgendwann zur Rechenschaft gezogen in diesem oder im kommenden Leben. Ich kann das nicht näher erklären, aber im Innersten weiß ich, dass das so ist. In meiner Zeit der einsamen Stunden in Stadelheim habe ich diese Überzeugung gewonnen. Auszubrechen aus dem Kreislauf von Leben und Wiedergeburt, in immer wiederkehrendem Menschendasein die Rollen von Gut und Böse leben, das ist der Sinn unseres Daseins. Durch Meditation sind mir diese Zusammenhänge ins Bewusstsein getreten.

## Mein Leben danach

Ich bin nun seit über einem Jahr wieder in Freiheit. Ich erhalte wieder Rollenangebote, was mich besonders freut, und wünsche mir ganz besonders, dass es in diesem Beruf noch viele Aufgaben für mich gibt, da er letztlich meine Berufung ist.

Ich bin innerlich befreit, drogenfrei, möchte das auch bleiben.

Ich habe nach meiner Entlassung die Bankangestellten besucht, meine Entschuldigung angeboten für ihre Minuten des Schreckens.

Ich bin glücklich, dass sie angenommen wurde, noch glücklicher bin ich, dass ich keine echte Schusswaffe bei mir hatte, sodass nichts Schlimmeres passiert ist.

Maria ist nach wie vor an meiner Seite, das ist mein größtes Glück überhaupt. Wir sind wieder für mehrere Wochen nach Indien gereist, um den spirituellen Weg weiterzugehen. Ich bin überzeugt, dass all dies, was in meinem Leben passiert ist, die Summe meines eigenen Handelns aus diesem und aus vorangegangenem Leben ist.

Es mag überraschend klingen, doch rückblickend auf mein bisheriges Leben stelle ich immer wieder fest, dass es da jemanden gibt, der mich besonders lieben muss, denn wie sonst könnte ich so viel Glück im Unglück gehabt haben?

Viele Freunde aus vergangenen Jahren sind heute wieder da.

Manche haben sich abgewandt, was ich bedauere, aber respektiere.

Ich möchte abschließend sagen, dass Drogensüchtige und Süchtige im Allgemeinen nie im Stich gelassen werden sollten. Solange ein Mensch lebt, gibt es Hoffnung.

Ich danke allen Menschen, die mir treu geblieben sind.

Mein größter Dank gilt Maria.

# Dank

Ich danke den nachstehenden, in willkürlicher Reihenfolge genannten Menschen, die mich ein Stück auf meinem Lebensweg begleitet haben und von denen manche heute noch meine Freunde sind. Einige habe ich aus den Augen verloren. Andere leben leider nicht mehr. Von Herzen sage ich Dank:

Frau Wargentin mit Familie, die ich als Kind mit Sehnsucht im Waisenhaus erwartete. Die mir in Stunden kindlicher Trauer oft einziger Lichtblick war.

Wolf Röckner, der mich lehrte zu weinen, zu schreien, schließlich zu sprechen, ohne zu schreien. Danke, dass ich schreien durfte, bis die Wände wackelten. Danke auch seiner Mutter Tilly, die es mit Geduld hinnahm. Ich vermisse euch. Hab Sehnsucht nach den wunderschönen Winterabenden bei euch auf dem Land.

Danke an Manfred Schmidt. Ohne dich wäre ich damals zugrunde gegangen im Kinderhaus in Haar.

Dank an Thomas Wommer, der mir half, meine Seele zu entdecken, der mir in zahllosen Nächten die Dämonen vertrieb, während ich schlief. Mich beschützte wie ein Vater sein Kind und bis heute treuer Freund geblieben ist. Der Familie Wommer gilt ganz besonderer Dank für ihre stets offene Türe.

Eva M., danke dir für den Anstoß, mich mit dem Buddhismus zu beschäftigen, danke für deine aufopfernde Hilfe nach dem Autounfall und dass du mich mit Hannah und Ole Nydahl zusammengebracht hast.

S. H. Sharmapa Rinpoche danke ich von ganzem Herzen für die Unterweisung zur Meditation und die wunderbare Zeit in Indien und Sikkim.

Danke auch allen meinen Freunden in den buddhistischen Zentren weltweit.

Ich danke den buddhistischen Mönchen im Katmandutal, die sich 1986 meiner kranken Seele annahmen.

Hannah und Ole Nydahl, euch gilt großer Dank für eure Liebe. Hannah ich werde dir für die Zeit in Nepal und die Begleitung in das Kloster in Katmandu zu Sharmapa ewig dankbar sein.

Familie Mühlejans, ich danke euch für wunderbare Erlebnisse in eurem Kreis. Michael war mir ein guter Freund. Die Tage in Italien bleiben mir immer in Erinnerung.

Meiner Familie möchte ich noch sagen, dass es auch schöne Kindheitserinnerungen gibt. Ich verurteile niemanden und könnte das auch gar nicht, aus heutiger Sicht und der Überzeugung meines buddhistischen Glaubens. Ich glaube, dass alles, was einem im Leben geschieht, Ursachen hat, die irgendwann Wirkung zeigen. Ob aus vergangenem, heutigem oder zukünftigem Leben.

Dagmar W. – siehst du, ich habe mein Versprechen gehalten, das ich dir mit vierzehn Jahren gab. Hier ist das Buch. Danke für deine Freundschaft.

Dank auch an Siegfried, der sich viel Mühe gab, mein schulisches Defizit zu besiegen. Leider war ich viel zu ungestüm. Schade, dass wir uns aus den Augen verloren haben. Bitte melde dich.

Erika und Nico W., ich danke euch für die Zeit bei euch, die für uns alle viel Aufregung brachte.

Niko G., ich danke dir für die vielen erbaulichen Gespräche und spannenden Abenteuer.

Verena L., deine Nähe war mir viele Male Mutterersatz.

Dorothea H., es war eine schöne Zeit mit dir und deinen beiden Buben Matthias und Michael.

Gabi und Peter S. und Uwe – wir hatten viel Spaß. Danke für eure Freundschaft.

Cleo K., auch dir gilt besonderer Dank, denn ohne dich hätte ich Maria nicht kennen gelernt.

Anja O., es waren schöne Momente. Ich hoffe, dass es dir gut geht, wo immer du auch bist.

Letty, ich danke dir für die Jahre, die wir eine Familie waren, danke für die Freundschaft, die wir heute haben, und die wunderschöne Zeit in Amsterdam.

Ich danke dir, Zachai, meine Tochter, für die Jahre im Vaterglück.

Genia, Hannes und Ariane N. – nie vergesse ich die Zeit in Kreuth am Tegernsee, als ihr in diesen Wochen der Trauer an meiner Seite wart. Habt von Herzen Dank dafür.

Dank an das Ärzteteam der Pettenkofer-Klinik sowie an das Pflegepersonal, die sich 1986 erfolgreich um mein Überleben bemühten.

Elli, Heini und Lucia – ich vermisse die Weihnachtsabende, eure Nähe und herzliche Wärme. Elli, ich bin froh, dass es dich noch gibt. Danke, dass du in all den Jahren zu mir gehalten hast.

Lucia, Barbara und Robert – ich denke täglich an euch.

Irma, Robert (Lui), danke für die große Liebe in euren Herzen und dass ihr mir Freunde geblieben seid.

Familie Schmidt, auch euch danke ich für eure große Liebe und eure Freundschaft.

Ramona, ich danke dir von Herzen für deine Treue.

Dank allen Ärzten, den Schwestern und Pflegern aus dem Krankenhaus Rechts der Isar, Toxikologie. Ganz besonderen Dank an Dr. Felgenhauer.

Oswald Kneip, ich danke für deine Freundschaft und stete Unterstützung in Zeiten finanzieller Not. Dank auch deiner lieben Mutter.

Rechtsanwalt Roland Hasl, Rechtsanwältin Burkhardt und sämtlichen Mitarbeitern aus der Kanzlei Hasl danke ich für die starken Nerven und die Geduld mit mir.

Sonny, schön waren die Tage in deiner Atelierwohnung. Danke für deine Freundschaft.

Püppi, Tödi, Axel von M., Michael M., R. Sachsenhauser, Marcel A.: Danke!

Ed Del Pino, ich danke für deine besondere Gastfreundschaft. Wir hatten viel Freude, schöne Musikstücke sind entstanden und besonders schöne Gedichte.

Familie Schieber: Es ist schön, dass wir uns kennen lernten. Habt Dank für die schönen gemeinsamen Stunden.

Jacko, ich hoffe, du hast deinen Platz zum Ausruhen gefunden. Danke für die schöne Zeit.

Tante Helga, ich bin immer gerne bei dir zu Hause gewesen, wenngleich es nur wenige Erinnerungen daran bei mir gibt.

Tante Mietzi, für deine Besuche im Waisenhaus danke ich dir von Herzen.

Lieber Klaus S., dir gilt besonderer Dank für deine Treue in den zurückliegenden Jahren. Deine Zuwendungen haben mir aus schwieriger Lage geholfen. Hab von Herzen Dank.

Thomas Jurczyk, ich danke dir für deine großzügige Unterstützung. Besonderer Dank dafür, dass du mir die Chance gegeben hast, in deiner Firma zu arbeiten.

Es gab viele Menschen, die mich in meinen Jugendtagen beherbergten, mir Essen gaben, ein warmes Bett. Menschen, die mir viele Stunden zuhörten, wenn ich mein Herz ausschüttete. Habt Dank dafür.

Celia, ich danke dir für den Anstoß zu diesem Buch, besonders für die aufmunternden Briefe ins Gefängnis und für die erfrischende Art, mir immer wieder den Kopf zurechtzurücken.

Julia H., Marietta Z., Familie Jungmayer, Aga F., Ulrich H., Walter K., Walter S.: Danke!

Familie Rudolph, ich danke euch für die wunderschönen Tage in eurem Kreis, für die besondere Gastlichkeit. Norbert, dir gilt besonderer Dank, du weißt, warum.

Dank allen meinen Fans für ihre jahrelange Treue und Freundschaft und für die vielen lieben Briefe, die mir immer wieder Kraft gaben.

In Zusammenhang mit meinem Beruf als Schauspieler gilt den nachstehenden Personen besonderer Dank für ihre Treue und den Glauben an mich. Dank dafür, dass sie mich immer wieder besetzen – was sicher nicht einfach war in der Vergangenheit.

Wolfgang Petersen gilt mein Dank an erster Stelle. Ohne ihn hätte ich den Einstieg in die Schauspielerei sicher nicht geschafft. Auch nicht ohne die Unterstützung und den Glauben an mich von Bernd Eichinger. Ich danke euch von Herzen, dass ihr mir diese Chance gegeben habt.

Franz Xaver Bogner und seiner Frau Sonja danke ich von ganzem Herzen für ihre Treue und das Vertrauen in mein schauspielerisches Können. Franz, hab vielen Dank!

Der Redaktion für Unterhaltung und Spiel des Bayerischen Rundfunks danke ich für gleiches Vertrauen.

Helmut Ringelmann und seiner Frau Evelyn Opela danke ich für das Jahrzehnte andauernde Vertrauen in mich und die Engagements in ihren TV-Produktionen.

Rainer Wolfhardt und der Tellux Film Produktion danke ich für ihr Vertrauen und die Chance, die sie mir gegeben haben, in der TV-Produktion »Mali« mitzuwirken und zu zeigen, was in mir steckt.

Es gibt noch so viele. Wer sich angesprochen fühlt, dem sei von Herzen Dank gesagt.

Mein besonderer Dank gilt meiner Verlegerin Sabine Giger, denn ohne sie gäbe es dieses Buch nicht.

Maria – was ich dir sagen möchte, kann ich nicht schreiben, du weißt, was ich für dich fühle. Dank allein ist viel zu wenig. Ich danke dir für deine unendliche Wärme, Liebe und Zuneigung, für deine grenzenlose Kraft, die du mir gegeben hast und die mich bis heute am Leben erhalten hat. Liebe ist die stärkste Kraft im Universum.

LOVE

Mögen alle eure Schutzengel immer bei euch sein, euch begleiten durch diesen Traum, den wir Leben nennen.

NAMO BUDDAIA NAMO DARMIJA NAMO SANGAJA
Ich nehme Zuflucht zu Buddha, zum Orden, zum Glauben

KARMAPA TSCHE NO
Das höchste und stärkste buddhistische Zukunftsmantra, das mir in meiner Not immer geholfen hat.

# Ernst Hannawald

| Spielfilme | | Regie |
|---|---|---|
| 1977 | Die Konsequenz | Wolfgang Petersen |
| 1978 | Die Faust in der Tasche | Max Willutzki |
| 1978 | Der große Stau | Luigi Comencini |
| 1978 | Die letzten Jahre der Kindheit | Norbert Kückelmann |

**Fernsehen** (Auswahl)

| | | |
|---|---|---|
| 1979 | Aus heiterem Himmel | Wolfgang Banzer |
| 1981 | Zeit genug, 6 Folgen, Serie | Franz X. Bogner |
| 1982 | Soko – Pianist, Serie | Kai Borsche |
| 1983 | Angelo und Luzy, Serie | Oliver Storz |
| 1984 | Abenteuer der Seele, TV-Film | Jochen Richter |
| 1985 | Tatort – Drei Brüder | Michael Kehlmann |
| 1986/87 | Zur Freiheit, 45 Folgen, Serie | Franz X. Bogner |
| 1988 | Der Fahnder, Serie | Max Färberböck |
| 1988 | Derrick – Die Stimme des Mörders | Helmut Ashley |
| 1990 | Soko – Mit letztem Einsatz | Kai Borsche |
| 1990 | Derrick – Wer bist du, Vater | Helmut Ashley |
| 1991 | Löwengrube, Serie, Folge 27+28 | Rainer Wolffhardt |
| 1992 | Forsthaus Falkenau, Serie | Klaus Gentris |
| 1993 | Im Reich der Adler, Serie | Donavan Scott |
| 1994 | Café Meineid, Serie | Franz X. Bogner |
| 1995 | Mali, TV-Zweiteiler | Rainer Wolffhardt |
| 1996 | Lady Mayerhofer, Serie | Max Licini |
| 2000 | Dokumentation 37 Grad, über Ernst Hannawald (Autobiografisch) | Dominique Klughammer |
| 2001 | Rosenheim-Cops, Serie | Wilhelm Engelhardt |

**TV Live-Auftritte** in verschiedenen Talkshows
Schreinemakers, Boulevard Bio, Günther Jauch – Stern TV,
Spiegel TV Reportage, Wilhelm Barkes SWF Nachtcafe

**Drehbücher**
1997, Ich nix gut sprechen Deutsch; 1998, Idole; 1999, 2020 – Die letzten
Tage

Castinganfragen und Autogrammwünsche an folgende Adresse:
Agentur Sabine Giger, Zürich-München, Postfach 57,
CH-8852 Altendorf, www.verlagsgiger.ch, Tel. 0041/78 801 23 58

Eine warmherzige und poetische Geschichte über das große Glück und den bleibenden Wert der wahren Freundschaft.

Vom Autor des Weltbestsellers »Der träumende Delfin«

Sergio Bambaren
Samantha
Eine Geschichte über Freundschaft
mit Bildern von Michele Gold
48 Seiten, 17 x 23, 18 Farbbilder, geb.
ISBN 3-9521952-1-9
Sabine Giger Verlag
www.verlagsgiger.ch

Ole Nydahl

**Freude und Freiheit grenzenlos**

Joy-Verlag, D-Isny (Allgäu)
ISBN 3-9801624-3-5

*256*